Barbara Bronnen

Aller Anfang

Barbara Bronnen

Aller Anfang

Über den Beginn des Lebens

BELTZ

Inhalt

Für Florian Bronnen

Seit Jahren hatte ich vor, einmal die Geschichte meines Sohnes in seinem ersten Lebensjahr aufzuschreiben. Und als ich eines Tages dachte, du wirst das Buch doch nie machen, kam mein Sohn und erzählte mir, daß ich Großmutter werde. Da wußte ich, daß nun der rechte Zeitpunkt gekommen war.

Erwartung

Es waren sehr verschiedene Monate, die wir durchlebten, mein Sohn und ich. Während er geduldig seine Reise vorbereitete, die ihn zur Welt bringen sollte, sich mit mir nährte und wuchs, gaben mir seine ersten Monate einen ungeahnten Auftrieb. Ein bißchen übertrieben, gebe ich zu. Ich überschlug mich geradezu. War voll Tatkraft und Verständnis. Und voll Freude. Ich übernahm meinen Part bei der Arbeit der Natur mit Begeisterung. Ein Aufschwung meiner Empfindungen, der alles erfaßte.

Ihn auch?

Was empfand der Vater?

Während ich immer schwerer und heiterer wurde, wurde er schwermütig. Er machte schleppende Schritte, sorgte und mühte sich. Er fühlte sich benachteiligt und überflüssig. Was mich erneuerte, schien ihm genommen. Und tatsächlich war es ja auch so.

Als der Kleine sich noch nicht angekündigt hatte, hatten wir ihn nicht vermißt. Wir waren ausgefüllt und genügsam zu zweit. Doch kaum trat das Kind als Unbekanntes in unser Leben, fühlte er sich abgesondert. Als müsse er jetzt beiseite treten.

Meine Güte, sagte er, ich wollte mal eine Frau für mich. Außerdem, was soll das Kind mit einem Opa? Er blickte mich kläglich an.

Welcher Opa? fragte ich.

Auch ich war nicht jung, in zwei Jahren wurde ich vierzig, doch um mein Alter machte ich mir keine Sorgen. Er war noch einmal vierzehn Jahre älter. Manches sah er schärfer als ich und quälte sich mit Gedanken an sein Alter. Er empfand dem Ungeborenen gegenüber einen Mangel an jungem Leben. Wie könnte er dem Kind später die Welt öffnen, mit jener Zuversicht, die dafür nötig war? Wie mit ihm in Wettstreit treten, damit es sich mit ihm messen konnte und an ihm wuchs?

Also hör zu, sagte ich, hier ist ein Zettel. Das alles brauchen wir. Fangen wir an.

Einiges geriet in Bewegung. Wir bereiteten uns auf das neue Leben vor. Die Wohnung streichen. Ein Kinderzimmer mußte her. Er bekam bessere Laune. Aber er blieb mit der Bescheidenheit seines fortgeschrittenen Lebens auf der Hut.

Na also, sagte ich, sieht doch nicht schlecht aus.

Bin schon weg, sagte er und gab mir einen Kuß. Muß in die Produktion. Morgen ist erster Drehtag.

Produktion ist immer schön, sagte ich. Na dann, ciao.

Er hatte recht, mich auf die Gefahren und Schwierigkeiten aufmerksam zu machen. Aber ich hatte auch recht mit meiner Gläubigkeit, es zu schaffen.

Einen Tag ruhte ich mich vom Nestbau aus, dann setzte ich mich an den Schreibtisch und begann, mir Gedanken um meine Arbeit zu machen. Weiterhin Journalistin? Schlag dir das aus dem Kopf. Zuviel Lauferei, zu hektisch.

Wenn schon wenig Geld, brauchst du etwas mit längerem Atem. Und Bücher schreiben wolltest du immer schon.

In Gedanken jagte ich durch Jahrhunderte, durch die Welt meiner Mütter und Großmütter. Immer wieder hatte es mich zu den Wurzeln meiner Familie hingezogen, doch nun, in Erwartung des Kindes, lag es nahe, mich damit zu beschäftigen. Zu sagen: Da ist der Boden, aus dem du kommst!

Ich schrieb an meinem ersten Roman bis zu jenem Tag, an dem ich mich öffnete, um das Kind herauszulassen, und später schrieb ich ihn zu Ende. Doch ganz ist mir damals nicht gelungen, was ich erreichen wollte. Ich hatte etwas vergeblich gesucht. Meine Anbindung war nicht allein die Vergangenheit. Mein Boden lag in der Zukunft, war das Kind, das seine Wurzeln nach mir ausstreckte.

* * *

Begegnung

Und dann habe ich ihn zum erstenmal gesehen. Am sechzehnten Maientag um elf Uhr achtundvierzig im alten Saal mit Rundbögen in der Münchner Frauenklinik.

Er sah noch ziemlich derangiert aus. Zerzaustes, klebriges schwarzes Haar; ein merkwürdiges weißliches Gespinst über der Haut, die noch kein Licht gesehen hatte, war noch nicht von ihm abgefallen. Er war ermattet nach dem langen Kampf. »... denn die Pforte ist eng, und der Weg ist schmal, der zum Leben hinführt, und wenige sind es, die ihn finden«, heißt es in der Bibel.

Für ihn ein besonders qualvoller Weg, eingeengt durch ein Myom, das ihn zwang, seine Füße zu kleinen Sicheln zu verziehen.

Willkommen im Leben, mein Kleiner, flüsterte ich. Du sollst es gut haben.

Plötzlich blickte er mich an, geblendet von der Anstrengung und vom grellen Licht. Ein Blick wie auf einer uralten Photographie, ein wenig verschwommen. Und dann wölbte sich mir der kleine Körper zitternd entgegen, und er fuchtelte mit den Händchen, als wolle er abheben. Es mußte befremdlich sein, ohne das Wasser, das ihn umgab, zu sein und sich mit einem Mal in der Luft zu befinden. Seine Gesten jedenfalls hatten etwas von einem schwerelosen Schwimmen oder Fliegen. Dafür, daß er das neue Element noch nicht kannte, erschienen sie mir kühn.

Eng ist die Pforte und schmal der Weg. Dunkel dazu. Und lang und gewunden.

Ist alles dran? soll meine erste Frage an meine Schwester Franziska gewesen sein.

Glaub mir, alles dran. Meine Schwester lächelte mich an und ließ meine Hand los.

Reden ging nicht, als ich meinen Sohn im Arm hielt. Auch sein Gesicht, sein Körper erschienen mir verschwommen. Er sah aus wie ein kleiner weißer Geist und schwebte in einem Nebel. Seine Augen zogen sich prüfend zusammen, sein Gesichtsausdruck war besorgt, sein kleiner Mund gespannt. Als wollte er sagen: Mammi, reg dich nicht auf. Du bist meine Mutter. Du bist hinfort für mich verantwortlich. Aber mach bloß keinen Tanz.

Er war schon immer sehr väterlich zu mir.

Ich hatte ihn lang genug eingeengt, um ihn noch nicht ins Leben zu entlassen, jetzt hatte er sich frühzeitig befreit. Gerade an diesem Tag waren wir hinaus aufs Land gefahren und mußten rasch zurück. Löwenzahnfelder rundum, strahlender Sonnenschein. Ein Sonntagskind.

Ich schaffte es nicht, mich aufzurichten, um die Details zu betrachten. Der klare, schöne Umriß des Kopfes, die Ohren, der kleine Körper, all das enthüllte sich mir noch nicht. Es war nicht nur Müdigkeit nach einem Kampf. Es war ein intensives Gefühl, selbst zu zerfließen.

Vielleicht waren wir beide in einem Reich des Übergangs. Nicht nur begann ich mich bereits einsam zu fühlen, ohne ihn in mir. Es war auch ein seltsames Mich-Verlieren, ein Mir-Entgleiten, wie in einem Traum. Als sei mit dem Kind ich selbst verschwunden. Ein Schwinden, ein Sich-Verflüssigen meines Ichs. Dazu ein Befremden: Wenn das ein anderer Mensch ist, wer bin dann ich?

Alles kam wie aus weiter Ferne, die Worte meiner Schwester, des Arztes, der erste Schrei meines Sohnes.

Und doch waren wir beide auf der gleichen Erde.

Ich glaube, ich bin gleich darauf in Schlaf gesunken, erst Stunden später sah ich mir meinen Sohn wieder an und hielt ihn im Arm. Er schien fragend zu lächeln, als sagte er: Wer ist die Frau?

Na, deine Mutter natürlich, flüsterte ich.

Meine Mutter. Er schnüffelte. Klar, du mußt meine Mutter sein.

Der Beginn eines langen Dialogs, den ich imaginierte, ein Austausch an Gefühlen und Gedanken.

Er schlief dann wie ich die ganze Zeit. Immer noch war ich nicht imstande, meinen Blick scharf auf ihn einzustellen. Es war zu verwirrend und zu geheimnisvoll. Eine unglaubliche Entpuppung. Ein Zauber, wie die Verwandlung eines Froschs in einen Prinzen. Oder von Zeus in einen Schwan. Eine Metamorphose.

Ich habe Verwandlungen immer gemocht, Chamäleons ebenso wie den Gedanken der Wiedergeburt. Natürlich hat das alles mit unserer Menschwerdung zu tun. Embryos durchlaufen sämtliche Formen. Sie sind die Mythologie schlechthin.

Doch keine Verwandlung unter der Sonne, sondern im Schatten des Sonnengeflechts. Nicht im Licht und in der

Weite des Raumes, sondern in Enge und Durchdringung. Der Austausch zweier Welten – Leben zwischen Geburt und Tod. Wenn, wie Sokrates sagt, der Philosoph ein Mensch ist, der sein Leben lang das Sterben lernt, so ist die Mythologie die Lehre von der Geburt. Mit der sich seltsamerweise die Philosophie zu wenig beschäftigt.

Ich hatte Sehnsucht danach, Händels »Messias« aufzulegen, das Halleluja: Es ist uns ein Kind geboren. »Aller Anfang ist heil, um des Anfangs willen, um dieses Heils willen, hat Gott den Menschen in die Welt hinein geschaffen«, schrieb Hannah Arendt. Für sie war jede neue Geburt wie eine Garantie des Heiles in der Welt, wie ein Versprechen der Erlösung für die, welche »nicht mehr am Anfang sind«.

Ich berührte vorsichtig sein Köpfchen. Neun Monate lang ist mein kleiner Argonaut über die Meere gefahren, ständig umgeben von einem beweglichen, nassen Universum. Jetzt war er der Luft ausgesetzt, einer rauhen Außenwelt. Leicht nahm ich seine Hand. Zart war sie, weich und ungeheuer beweglich.

Der Anfang fühlt sich so an. Er ist zu fassen, zu greifen, zu empfinden und zu sehen. Das Leben fängt mit dem Zarten an. Mit dieser kleinen Hand begann auch für mich etwas Neues, das mich, losgelöst von meinen Wünschen, weiter und weiter führen würde. Etwas wachsendes Neues, das, einmal in die Welt geworfen, sich beschleunigte und von mir fortbewegte.

Geburt und Anfang. Gäbe es nicht die Geburt, wir wüßten nicht, was das heißt, neu zu beginnen, mit etwas Neuem anzufangen, wüßten nicht einmal, was der Zauber des Neuen, des Anfangs ist. Wir kennten nicht den Kreislauf des Lebens, das Werden und Vergehen. Die Bibel hätte nie von der Erschaffung der Welt, der Sintflut und Christi Geburt berichtet, vom kleinen ausgesetzten Moses, der in einem Strohkörbchen am Ufer des Nils gefunden wurde. Die Schüler hätten sich nie an Goethes rätselhaften Zeilen: »Und so lang du dies nicht hast/ dieses Stirb und Werde/ bist du nur ein trüber Gast/ auf der dunklen Erde« reiben müssen. In unseren Märchen gäbe es keinen Däumling, keinen Findling, keine vertauschten Brüder, keine verwünschte Schwangerschaft, keine verkannten oder angenommenen Söhne, keine bösen Hebammen, keine Muttersöhnchen und keine Wechselbälge, keine Hänsel und Gretel, keine Jungfrau Maleen und keinen bösen Wolf, dem die Mutter den Wanst aufschneidet, und die sechs Kinder springen heil heraus. Es gäbe keine Zauberrunen und keine Moiren, keinen Lebensbaum und keinen Ahnenkult.

Ein phantasiearmes Leben wäre das, ohne die Vielfalt der Erschaffungsmythen vom Anfang der Dinge, vom Flußgott Okeanos, Fluß und Gott in einem, und seiner unerschöpflichen Zeugungskraft. Von der Göttin Gaia, der Urmutter aller fressenden und allmächtigen Mütter mit ihren Riesenbrüsten, Gaia, die, ohne der Begattung zu bedürfen, Uranos, den gestirnten Himmel geboren hat, damit er sie für ewig umfange. Es gäbe keine Aphrodite, geboren aus dem weißen Schaum.

Ein leeres Leben lebten wir, ohne Weissagungen, Visionen und Erlöserträume, wahrscheinlich wären wir auch ohne Freud ausgekommen. Keine Wiedergeburtsreligionen, keine Madonnenbilder, keine Mutter-und-Kind-Skulpturen, keine Auferstehungssymphonien, kein »Schlafe-mein-Prinzchen-schlaf-ein«. Keine Geburtstage und kein Weihnachten. Keine Romane, jedenfalls keine ordentlichen, von der Geburt bis zum Tod. Nur Menschen, die da sind und sich verhalten, basta. Wir wären ins Dasein geworfen wie gestrandete Krabben, einfach so.

Ohne Geburt würden wir einfach nur vegetieren. Denn Handeln, zu diesem Schluß kommt Hannah Arendt, ist unsere Antwort auf das Geborenwerden. Es ist tröstlich, daß die Geburt ein solch vorwärtstreibender Impuls ist und daß auch dann, wenn unser Pünktchen verlöscht, von uns noch irgendwas übrigbleibt: ein Turm, ein Gedanke, eine Mauer, ein Buch, ein Baum, ein Kind. Etwas, das wir in die Welt gesetzt haben. Auch der sogenannte Fortschritt. Diese immerwährenden Schreie nach Mehr und nach Neuem.

Ich mag Anfänge, sagte ich zu meinem Sohn. Habe sie immer gemocht.

Mein Sohn stöhnte, furchte die Stirn und sah furchtbar weise aus.

Das haben alle gern, sagte er. Aber darüber hinauskommen, das ist es. Weitermachen.

Er hatte recht. Wie viele Lieben sind am Anfang stekkengeblieben? Wie viele Menschen kleben am Kindhaften ihr Leben lang? Wie viele Pläne wurden nie verwirklicht? Wie viele Bücher sind nie über den Anfang hinausgekommen?

Jeden Tag müssen wir umlernen, revidieren, verwerfen, neu beginnen. Schon gar mit einem Kind.

Ich hatte geboren, aber ich kannte mein Kind nicht, und ich besaß es nicht. Das unterschied es vom Geschaffenen, über das ich verfügte. Diese Fremdheit im eigenen Kind bestürzte mich. Einesteils stand mir nichts näher, andererseits war mir nichts verborgener.

Ja wo issa denn? Ja wer schaut mich denn da so an? Wer ist denn dieser Süße? Wer hat denn so kleine Fäustchen? Wer, wer, wer?

Alle, die ihn betrachteten, redeten so, und in diesen rhetorischen Fragen lag die ganze Irritation. Niemand wußte, wer dieses Kind war, niemand konnte sich seine Herkunft erklären. Und dieser Fremdling schwieg. Unsere Fragen blieben ihm verschlossen. Unsere zentrale, philosophische Frage.

Hunderte von Philosophen haben schon darüber nachgedacht, doch eine Antwort hat keiner.

Weitermachen. Noch mal von vorn anfangen gibt's da nicht.

Nicht drängeln, sagte ich und öffnete mein Herz. Ich nahm den wild rudernden Kleinen an meine Brust.

Er war jetzt nicht bereit zu Diskussionen.

Noch Hunger? fragte ich nach einer Weile.

Bin voll bis hier. Er klopfte mit der Faust auf seinen Hals.

Sein Vater lutschte am Daumen und starrte mich traurig an.

Wiedersehn, sagte er dann und blickte seufzend auf die Uhr, ich muß.

Geh spielen, ich gab ihm einen Kuß.

Iii! sagte ich, als ich vor dem Spiegel stand und mich wusch.

Ich kroch ins Bett zurück, beugte mich über mein Kind, berührte seine Fingerspitzen und küßte jede Fingerkuppe einzeln.

Wie alt sind Ihre anderen Kinder? fragte die Frau nebenan.

Ich habe keine anderen.

Nein? sagte sie.

Später kam meine Mutter, brachte Blumen, umarmte mich unter Tränen und bedankte sich.

Wofür? fragte ich.

Daß du mir ein Enkelkind geschenkt hast, sagte sie.

Na hör mal, sagte ich.

Für mich ist das von größter Bedeutung, sagte sie.

Schon gut, sagte ich.

Abends schlief er erschöpft, mein Sohn. Lange blickte ich ihn an. Hatte ich mir mein Kind so vorgestellt? Wem sah er ähnlich? Mir schien er das Gegenteil von mir selbst zu sein, ruhig und besonnen, vielleicht als Ergänzung meiner eigenen Unbedachtheit und Einseitigkeit. Damit ich aufhörte, in mir selbst zu hängen, sondern das Andere liebgewann.

Würde das schwierig sein?

Die Worte meiner Mutter gingen mir nach. Ich spürte darin eine Klage über ihr eigenes Leben, über sich selbst und ihre Einsamkeit. Über alles, was ihrer Meinung nach das Schicksal ihr vorenthielt.

Ich betrachtete die schmalen Babyschultern unter dem weißen Hemd, auf denen bereits die Last der Mütter ruhte. Er, dieser kleine Wicht, sollte es schaffen, daß wir uns selbst liebenlernten!

Nein, dachte ich, mein Sohn ist nicht geboren worden, um uns die eigene Auferstehung zu garantieren. Meine Aufgabe ist, mich zurückzustellen, um ihm das Leben anzubieten, mit allem, was es an Schätzen und Möglichkeiten birgt. Leicht ist das nicht.

Es war still, nur sein feiner, leichter Atem war zu hören. Die Stille paßte zu seiner Winzigkeit und Einfachheit.

Ein kleiner Gast. Mit nichts gekommen, schutzlos und unerfahren. Ganz mir ausgeliefert. Und doch allwissend und würdevoll. Mit einem Mal bekam ich Angst.

Ehe ich einschlief, sprach ich noch, ganz ungewohnt für mich, ein Gebet.

Ich bat darum, alles richtig zu machen.

* * *

URSPRUNG

Die nächsten Tage hatte ich Fieber. Die Ärzte führten es wie alles auf die Hormone zurück. Doch ich wußte, daß es etwas anderes war.

Ich hielt ein Wunder in den Händen, das mich überforderte. Es war gleichzeitig real und sein Gegenteil. Es war das tiefste Geheimnis und hatte doch ganz normale Bedürfnisse. Ich hatte das noch nicht begriffen. Ich bemühte mich, es zu verstehen – ein Unternehmen, das mich immer wieder an meine Grenzen führte.

Auch der Vater war irritiert. Nicht nur über den neuen Erdengast. Ebenso über mich.

Ich wußte, daß es Komplikationen gibt, sagte er. Und er warf mir einen fürchterlich prophezeienden Blick zu, einen Blick, der unsere künftige Beziehung betraf.

Aber ja, sagte ich.

Er blickte seinen Sohn düster an. Er schreit. Außerdem sieht er alt aus. Uralt.

Er hat einiges hinter sich, sagte ich.

Das ist doch immer so.

Ich richtete mich mühsam auf. Ich hatte ein Buch über sanfte Geburt gelesen und war der Meinung, daß man die

Neugeborenen nicht unbedingt dem grellen OP-Licht aussetzen, an den Füßen aufhängen, ihnen einen Klaps versetzen und sie auf die kalte Waage legen mußte.

Gefällt dir der Name Florian? fragte ich. Hat mit Blumen zu tun.

Ich dachte an die Löwenzahnwiesen, als wir ins Krankenhaus gefahren waren.

Dafür müßte er anders aussehen, sagte er. Blühend.

Der wird noch, sagte ich.

Später blickte ich aus dem Fenster auf die Kastanienbäume, deren Blätter sich allmählich entrollten. Immer noch ein strahlender Frühlingstag, von Sonnenlicht erfüllt.

Mein Fieber stieg. Es war ein Kampf mit der Natur, der ich mich ausgeliefert fühlte. Eine Flucht nach rückwärts. Mein Sohn brachte noch die Gesetze der Dunkelheit mit sich, die mich bedrohten und meine Angst und Trauer auslösten. Er war schattenhaft, traumhaft, keimhaft, halb durchsichtig wie eine Pflanze ohne Licht. Er kam aus dem Unbewußten und brachte etwas Vitales mit sich.

Nicht die Fiebernebel machten mich blind, sondern weil es mir nicht gelang, zu begreifen: Er würde nicht in der Bewußtlosigkeit der Natur untergehen, sondern langsam aus ihr heraustreten.

Ich verstand es einfach nicht, das Ereignis der Geburt hinzunehmen.

Als das Fieber endlich wich, waren wir bereits zu Hause, und allmählich dachte ich mehr in Begriffen des Lebens an mein Kind. Ich gewöhnte mich langsam an seine Realität. Schließlich war unser Zusammensein eine einzige Berührung.

Ich beugte mich über ihn, sprach zu ihm.

Ich bat ihn, Geduld mit mir zu haben und sich ein bißchen Fingerfertigkeit im Umgang mit seiner unbeholfenen Mutter anzueignen.

Wie findest du Florian?

Er gluckste, lächelte als Antwort.

Plötzlich hob er sich mit seinem kleinen Körper mir entgegen und begann, mit den Händen zu rudern. Als ob er die Erde noch nicht spürte und einfach im Wasser schweben könnte, oder schwerelos über den Wolken. Als ob er abheben könne, so leicht gab er sich der Luft hin.

Es verschlug mir vor Staunen den Atem. Seine Gesten hatten eine beflügelte Anmut und makellose Mühelosigkeit, wie man sie nur haben kann, wenn man sehr Leichtes tut.

Ich wechselte die Windel.

Du schaust schön aus, sagte ich.

Ich wäre nicht darauf gekommen, einen Jungen zu bekommen. Und das, weil es in unserer Familie hauptsächlich Frauen gibt.

Jetzt erzählte ich Florian von seiner Herkunft, von alleinstehenden Frauen wie meiner Mutter. Von der Großmutter, die damals seit fünfzig Jahren Witwe war und mich als uneheliche Mutter verfluchte.

Schande! rief sie, Schande über uns alle!

Nimm es ihr nicht übel, sagte ich, sie ist 1890 geboren.

Florian keckerte.

Wohin ich auch blickte, unordentliche Verhältnisse. Vor meinem Sohn schämte ich mich dafür.

Jetzt also ein Junge in einer Frauenfamilie.

Was war die beste Art, ihm auf den Weg zu helfen? Ich kannte den besten Weg nicht.

Allen Vorzeichen zum Trotz ein Junge. Jeder hatte hartnäckig behauptet, in mir ein Mädchen zu spüren.

Das Abenteuer, ein männliches Wesen zu sein in einer immer noch für Männer gemachten Welt.

Es war seltsam. Da kam etwas ganz anderes, als ich dachte, heraus. Ein Schlag gegen meine Rationalität und meine Vermessenheit, alles bestimmen zu wollen. Ich hatte mir mein Kind wie ein fremdes Kind vorgestellt, von anderen Eltern. Ich sah ein pausbäckiges, blauäugiges, lebhaftes Mädchen mit blondem Haar. Und was kam? Ein nachdenklicher, besonnener Junge mit schmalem Kopf.

Und alles war dran. Doch das war rein äußerlich.

Wie war es im Kopf, ein Mann zu sein? War das Geschlecht denn immer noch wichtig?

Ich legte meine Hand auf seine Brust und blickte ihn an.

Weil er ein Mann war, konnte man ihn eines Tages dazu bringen, den Krieg zu üben –: Ich hoffe, du verweigerst dich und läßt dir diese Schuld nicht aufladen. Ich sagte: Wichtig ist, du wirst ein Mensch. Mit Hirn und Herz. Und Würde. Ich weiß, ein altertümliches Wort! Jetzt hast du sie ganz selbstverständlich mitbekommen, doch wie leicht können wir sie verlieren. Ich will dir Mut machen, eine Person zu werden, ohne Vorurteile und Barrieren. Ich will dich nicht nur auf die Gefahren aufmerksam machen, auf Armut, Krieg und Not, sondern ich werde immer auch auf das Schöne hinweisen. Ob leichtgeschwungene Hügel oder ein Wölkchen. Ob ein herrliches Bild, ein Lied, eine Geschichte oder ein Gedicht.

Ganz zu schweigen von guten Freunden und gutem Leben. Ein feines Essen nicht zu vergessen.

In seinem Mundwinkel zeigte sich ein feines Lächeln.

Ich glaube, fuhr ich fort, daß es sehr wichtig ist, auf das Schöne aufmerksam zu machen, das öffnet den Blick und das Herz. Aber es gibt mehr Schreckliches als Schönes auf der Welt, wegen der Menschen, die nicht immer gut und schön sind, auch das mußt du wissen. Das zu ändern, darin bewährt sich der Mensch. Gerade deshalb ist die Welt aller Mühen wert.

Ich streichelte seine zarte Haut. Denn weißt du, diese Unschuld, die ich so an dir mag, die kannst du nicht behalten. Schon gar nicht dann, wenn du eine geistige Arbeit machst. Wenn du denkst oder forschst. Und bereits beim Zeitunglesen Schaden nimmst. Doch ist es wichtig, zu wissen, daß es auf der Welt Gutes und Schönes gibt. Damit du später einmal nicht freudlos und verdüstert durch die Straßen gehst.

* * *

Atem

Ich schlief einen anderen Schlaf. Mit einem Ohr vergewisserte ich mich, ob dieses Seidenrascheln noch da war, das beständige zarte Geräusch seines Atems. Ein Atem, mit dem Meeresrauschen zu vergleichen, ein Auf und Ab, in dem ich spüren konnte, wie sein Herz schlug. Ein Aufbruch zu einem anderen Ufer und eine Rückkehr nach einer bestimmten Spanne. Ein zärtlicher Laut, bei dem ich das Glück fühlte, wenn sich die Luft bewegte.

Ständig übernächtigt, erfand ich mir die Zeit neu. Fast somnambul saß ich am Schreibtisch, Florian im Körbchen neben dem Manuskript, und arbeitete trotz des Einwurfes eines befreundeten Journalisten: Was brauchst ein Buch, hast eh ein Kind!

Ich behielt bei mir, was ich dachte.

Das Geheimnis, was ein Mensch eigentlich ist. Vielleicht das einzige, das uns noch bleibt. Wenn wir das je entschlüsselt zu haben glauben, schreiben wir auch nicht mehr. Was uns reizt, ist das Schweigen um den eigentlichen Beginn, den Übergang in eine andere Dimension. Da gibt es eine unsichtbare Grenze, die eine andere Welt vor uns schützt, die Welt vor der Geburt und nach dem

Tod. Etwas Unausgesprochenes, das unser Geist nicht bergen kann.

Meine Sätze begleitete sein leichter Atem, sein zarter und doch gründlicher Umgang mit der Luft. Es kam mir vor, als ob sich die Gewichtigkeit der Worte damit auflöste und sie leichter machte.

Es war sehr angenehm, neben dem atmenden Kind zu arbeiten, und lehrreich dazu. Ohne Atem sind auch die Worte wie tot. Wie verschieden wir atmen können, und wie leicht das Leben in sein Gegenteil umschlagen kann. Im schnaufenden, hektischen und gierigen Atem liegen Kampf, Sexualität und Macht. Im Aufhören des Atmens liegt der Tod: der letzte Atemzug.

Was wir nehmen, geben wir auch wieder her. Ein »Stirb und Werde«, wie es Goethe nannte, liegt darin, der Versuch, Gleichgewicht zwischen Innen- und Außenwelt herzustellen, ein beständiger Austausch und Kreislauf.

Die erste aktive Kraft, die erste Handlung, die sein Leben ausmachte, war der Atem.

Wer weiß, woher er diese Energie herholte! Er atmete so gründlich und gewissenhaft, als habe er das Atmen erfunden. Seinen ganzen Atemraum schöpfte er aus, von der Nase über die Brust bis in den Bauch und die Flanken. Er saugte die Luft tief ein wie Sirup, schmatzte, gluckste, und stieß sie eifrig wieder aus. Dann fing er wieder von vorn an. Ich stellte mir seine Luftröhre vor wie einen Zauberstab, der jeden Knoten löst und lauter kleine Vögel in die Luft entläßt.

Und doch war es auch Arbeit – die Arbeit des Lebens, andächtig verrichtet, diese unerbittliche Triebkraft und Energie, dieser Wunsch zur Erneuerung.

Ich lag gern neben ihm, um mit ihm zu atmen und mich mit seiner Luft zu nähren. Sein Atem war wie das Gebet der Meere und wiegte mich in den Schlaf. Die Welt, die er einsaugte, strömte in seinen geschlossenen Kreislauf ein, und bei der Ausatmung gab er alles wieder her.

Und meine Atmung?

Da gab es durchaus Kämpfe, mein Atem war nicht von seiner Gewaltlosigkeit. Manchmal spürte ich, wie ich dabei war, etwas zu sprengen.

Was du sagst, stimmt, schien er zu sagen, so nachdenklich blickte er mich an. Ich hab's lange genug erlebt. Manchmal mußt du's geradezu vergessen haben – ich dachte schon, du willst mich lebendig begraben! Dann hab ich gewackelt und gehauen und gab dir einen Tritt.

Tut mir leid, sagte ich atemlos.

Mammi, sagte er: Atmest schon wieder zu schnell. Komm, mach's wie ich.

Ich setzte mich gerade und atmete mit ihm. Nach einer Weile schaffte ich mir mit einem langen Seufzer Erleichterung.

Na siehste, sagte mein Sohn. Er hob die kleine Faust und schlief ein.

Ich betrachtete ihn. Er hatte all die Arbeit hinter sich gelassen, den Schmerz des Hungers und den Abscheu vor der nassen Windel, die Mühsal des Zorns über seine Vernachlässigung und die Anstrengung des Schreis nach Gesellschaft. Er lag da, wie im Flug erstarrt, das Fäustchen noch in der Luft, die ihn von selbst zu tragen schien. Als befände er sich noch im Fruchtwasser, von allen Seiten gehalten.

Seine Brust hob und senkte sich leicht, die Rippen bewegten sich unter dem weißen Leibchen auf und ab. Seine Beine waren leicht ausgebreitet und seine Füße noch angezogen, so wie sie waren, als er mir Vorhaltungen machte.

Wie merkwürdig, einfach in der letzten Geste und Bewegung zu verhalten und einzuschlafen, oft mitten im Schmerz! Als ob seine Seele und sein Körper sagten: genug, basta! Und doch keine Flucht, sondern ein einfacher Wechsel in eine andere Dimension. War es nicht vielmehr eigentümlich, wie ich es tat, indem das Kissen so und nicht anders liegen mußte, meine Linke darunter, die es umklammerte, die Beine leicht angezogen? Und wie qualvoll manchmal die Stunden, in denen ich mich herumwälzte und nicht einschlafen konnte. Hielt ich nicht krampfhaft am Leben fest und wanderte nachts über steinige mühselige Wege? Konnte ich noch, wie mein Sohn, die Welt durch meinen Körper ziehen lassen, sie erwärmen und ausatmen, leichter machen, mit meinem Duft versetzen und verwandeln, weil sie durch mich hindurchgegangen war?

Ich saß wieder an meiner Arbeit, das Körbchen mit Florian neben mir. Währenddessen bewegte mein Kind tausendmal die Luft. Bei der Geburt hatte er sie das erste Mal eingesogen, beim Tod geben wir sie ein letztes Mal aus.

Ich seufzte ein zweites Mal.

Einfach zu atmen, dachte ich, warum ist das so schwer?

* * *

Duft

Oft beugte ich mich über ihn, um ihn zu atmen, um seinen Duft einzuatmen, der ihn umgab, ihn einhüllte und von seiner Haut ausging. Ich war süchtig danach und roch an seiner Armbeuge, seinem Ohr, seiner Brust. Ein frischer, zarter Milch- und Balsamgeruch, durchsetzt von seinem Puder, der wie eine Wolke über ihm schwebte. Immer wenn ich an diese Zeit zurückdenke, rieche ich diesen besonderen Babyduft, der etwas Leichtes und Durchlässiges hat, als ob ein zarter, warmer Wind seinen Kopf umwehte. Ein Duft, der mich stark berührte und der auch mit mir zu tun hatte, bei dessen Beschreibung ich jedoch an meine Grenzen stoße.

Immer wieder zwischen der Arbeit holte ich mir meine Dosis, an Frische und Leben mit nichts anderem zu vergleichen. Der Duft beflügelte mich und gab mir Mut. Es war der Duft des neuen Lebens. Des noch nicht Verfestigten, noch nicht Verhärteten, der Duft des Ätherischen und Zerbrechlichen, der schmelzende Duft des Anfangs. So unwiderstehlich war das, daß ich ihn in den Arm nehmen und streicheln mußte. Er roch, wie er aussah: luftähnlich und zart, manchmal nach Honig, manchmal nach frisch gebackenen Brötchen. Er roch noch nicht nach Mensch.

Immer wenn ich meinte, nicht weiter zu wissen, ging ich hin und füllte meine Lungen. Ich konnte einfach nicht genug davon bekommen. Doch war es nicht ich allein, die den Geruch so verlockend fand. Auch sein Vater, meine Mutter und meine Schwester waren von diesem lebendigen Geruch angezogen. Andererseits schien Florian unsere Gerüche wohl zu unterscheiden. Wenn er mir keckernd seine Fäuste entgegenstreckte, schien er schnuppernd zu sagen: Ha, ich rieche Fleisch von meinem Fleisch, und reckte sich mir entgegen. Dann küßte ich begeistert seine rosa Ohren.

Dagegen riechen wir eher bedrückend, sagte meine Schwester, die wieder einmal an meinem Sohn hing. Wir riechen viel zu dicht und zu schwer. Erklär mir das mal.

Babys, das habe ich damals bemerkt, sind Parfumkenner. Sie wenden sich von den kühlen synthetischen Parfums ab und ziehen die Düfte von Parfums auf pflanzlicher Basis mit Wohlgefallen ein. Die haben mehr Fleischliches an sich.

Irgendwie gestaut, sagte ich. Bei den Babys sind alle Poren geöffnet und atmen, bei uns wahrscheinlich verstopft.

Vielleicht ist es auch das Sonnenlicht, meinte meine Schwester. Das saugt den Duft auf und läßt etwas Muffiges zurück.

Wie Bettwäsche am Fenster, zum Lüften.

Es ist das Leben, sagte ich, es riecht nicht immer frisch.

Wenn wir alt sind, verstauben wir wie ein altes Polstermöbel, aus dem der Muff nicht mehr herauszukriegen ist.

Außerdem, sagte meine Schwester, riechen wir nicht überall gleich. Da gibt es ziemliche Grenzen.

Drum müssen wir auf Vorrat an Florian riechen, sagte ich, und das taten wir.

Der Kleine blieb vollkommen still und ließ sich unser Schnüffeln gefallen.

Meine Schwester löste sich schwer von der duftenden Wärme und Behaglichkeit, die sanfter war als der Duft der Blumen. Als sie gegangen war, preßte ich meine Lippen an seinen Kopf und flüsterte irgendwas Süßes und Dummes. Der Atem an seinem Haar kitzelte ihn, und er kicherte, wölbte die Lippen und machte Brrr.

Dann legte ich ihn an meine Brust. Die ersten drei Tage hatte ich noch keine Milch, doch das schien den Kleinen wenig zu bekümmern. Er war nicht auf Nahrung aus, sondern auf meinen Geruch und meine Wärme. Doch selbst beim ersten Mal, als ich ihn anlegte, hörte ich ein zufriedenes Seufzen. Er verwirklichte einen keimhaften Plan, mit dem Geruch im Mutterleib angeregt und im Duft der Brustwarze verborgen: Er wollte dazugehören, eins mit mir sein. Suchte erneut diese Verbundenheit, die durch die Nabelschnur abgeschnitten worden war.

Dann legte ich ihn in seine Wiege und setzte mich daneben, um zu genießen, strich über den Batist der kleinen Decke, über den Vorhang, den Blick im Gesicht des Kindes verloren, und roch, roch, roch. Der Kleine hob leicht den Kopf und eine neuerliche Duftwolke wand sich hoch.

Die feinen Haare auf seinem Kopf glichen einem Vogelflaum und bewegten sich leicht mit seinem Atem. Ein zartes Lüftchen zwischen Blumenduft, Kornspeicher,

Obst, Heu und Menschengeruch strömte aus allen Poren und aus dem winzigen Nasenloch. Besonders süß roch er über der noch weichen Fontanelle, wo sich Innen und Außen begegnen, so daß sich auf der Haut Geist, Fleisch und Luft miteinander vermählten. Priester segnen den Scheitel, der den Tibetern heilig ist – ein magischer Ort, an dem Wünsche, Triebe, Gefühle und Gedanken Form gewinnen. Durch diese unsichtbare Öffnung schwebt die Seele ein, und von hier aus steigt sie beim Sterbenden auf, himmelwärts. Vielleicht deshalb mein Wunsch, immer wieder die Hand auf den Scheitel zu legen und seine Seele zu berühren.

Ich biß ihn leicht in die Wange, um an dem erwärmten Fleisch zu riechen, da hob er zart seinen Zeigefinger, als wollte er sagen: Ich lasse mich doch nicht von meiner Mutter auffressen, und wandte sich gähnend ab.

* * *

Tränen

Eines Nachts wachte ich auf und hörte ihn weinen. Ein trauriges, verzweifeltes und anklägerisches Weinen, das plötzlich aufhörte.

Was brachte ihm diesen Schmerz?

Leise trat ich in sein Zimmer, um ihn nicht zu wecken, falls er wieder in Schlaf gesunken war.

Er hatte mich nicht gehört.

Es war eigenartig. Er lag im Bettchen und sein Gesichtsausdruck erstaunte mich. Die Brauen zusammengezogen, bewegte er stumm die Lippen und schien sich eine aufgebrachte Rede vorzutragen, mit entschlossenen Gesten, im Gesicht einen bewußten, fast empörten Zug, den ich noch nie gesehen hatte. Als mache er der Welt Vorhaltungen, die offenbar für ein breiteres Publikum bestimmt waren.

Wie angewurzelt stand ich da. Was mümmelte er da so mürrisch vor sich hin? Wie kam dieser kleine Säugling zu diesem aufgebrachten Ausdruck, was ging ihm durch den Kopf?

Etwas kein bißchen Kindliches lag in seinem Blick, er kam mir älter vor als ich selbst. Ob er uns imitierte?

Probte er, ein Erwachsener zu sein? War dies das Training, von Kindesbeinen an?

Ein fremder Mensch war da plötzlich aufgetaucht. Einer, der sagte: Dein Killekille interessiert mich nicht länger! Ich hab andere Sorgen!

Daß er mir so fremd war, irritierte und beschäftigte mich. Woher konnte ich wissen, welche Seele in ihm wohnte, was er dachte und empfand und ob ich ihm je nahestehen würde?

Mit einem Mal schien er mir völlig von mir abgelöst und mein Versuch, ihn zu leiten und ihm zu bekunden, daß wir nicht Fremde sind, zum Scheitern verurteilt.

Von seinem Innenleben wußte ich nur, was sich an seiner Haut, seinen Gliedmaßen und Organen kundtat. Seinen Gefühlen konnte er nur mit Weinen und Schreien Ausdruck verleihen, indem er etwas Inneres nach außen brachte. Dies jedoch zu differenzieren und zu entschlüsseln war schwer.

Das war die Zeit, als er zu weinen begann, meist gegen Abend. Erst nach einiger Zeit fand ich heraus, daß er unter Blähungen litt, die auf seine zarten Organe drückten. Der Schmerz ließ durchscheinen, wie eng er immer noch mit der Feuchtigkeit im Mutterleib verbunden war und wie schwer es ihm fiel, Substanzen aufzuspalten und zu verdauen. Ganz im Unterschied zum gelblichen Wasser, das er mühelos ausschied.

Wir werden zu früh geboren, sind noch nicht tauglich fürs Leben. Ausgestoßen aus der Einheit mit dem Mutterleib, wird schon früh der Widerspruch in unsere Welt gebracht. Wir schleppen ein Leben lang an diesem Widerstreit zwischen Erde und Luft, zwischen Körper und

Seele, zwischen Licht und Schatten, zwischen Freiseinwollen und Gebundensein, zwischen Einsamsein und Gesellschaft. Mit der Geburt beginnen unsere Entzweitheit, unser Zweifel und unser Wunsch, durch die Liebe wieder eins zu sein.

Vielleicht empfand er wie ich eine neue Distanz. Eine Weite war zwischen uns, die sich noch nicht erklärte. Wir waren zwei verschiedene Personen, die lernen mußten, den Weg einer gegenseitigen Anerkennung zu beschreiten. Vielleicht entpuppte er sich viel unabhängiger als ich?

Wieder diese beängstigende Ungewißheit über den Ausgang unserer gemeinsamen Geschichte. In der ich nichts anderes sein würde als eine Begleitende, auf der Gratwanderung zwischen Beschützen und Loslassen.

Ich stand an der Schwelle zum Kinderzimmer, den Kopf voll von Fragen. Plötzlich entdeckte er mich, und ich konnte es sehen, wie er zusammenzuckte. Offenbar fühlte er sich gestört und blickte mich rätselhaft an.

Das sah ungemein erwachsen aus.

Ein andermal wieder war er ein winziges ausgeliefertes Baby. Dann schmolz er vor Dankbarkeit fast dahin, wenn er sich bis zur Weißglut in seinen Schmerz hineingesteigert hatte und ich ihn in den Arm nahm. Er blickte versöhnt nach oben zu meinem Gesicht und ließ den Kummer in tiefen Seufzern verebben, die seine kleine Brust erschütterten.

Ich empfand seine Existenz als schwankend, wie einen Löwenzahnsamen, der durch die Luft schwebt, noch ohne Halt zu finden. In diesem verbindenden Gefühl unserer Ausgeliefertheit kam ich ihm näher und begann, seinen Schmerz besser zu verstehen. Ihm ging es schließlich nicht anders als mir: Hineingeworfen in eine widersprüchliche Welt, eine kreatürliche Erfahrung. Eine Welt voll Liebe und Leid, Nähe und Schmerz, Ordnung und Chaos. Nur war ich bereits manipuliert, übernahm fraglos Gesetze, kannte Lügen, Gewalt, Gleichgültigkeit und dumpfe Gewohnheiten, aber ich protestierte auch und wehrte mich, war in einem ständigen Gespräch mit anderen Menschen. Wie sprach- und wehrlos dagegen mein Kind, und wenn es einem Kummer nachhing, so waren die Gründe viel elementarer als mein Seelenschmerz.

Am Morgen war er quietschvergnügt und begrüßte mich mit einem Lächeln und Gicksen, mittags war er freundlich, aber ein wenig matt und schläfrig und abends geradezu ärgerlich und abgekämpft, überreizt von der Bürde des langen Tages, an dem es so viel zu lernen galt. Seine Mimik wurde abweisend, seine Gesten bekamen etwas mich Beiseiteschiebendes, manchmal waren sie geradezu ruppig. Er hatte so viel Mühsal auf sich genommen, hatte so viele Eindrücke aufnehmen und verarbeiten müssen, jetzt war er rechtschaffen müde und erschöpft. Und nun, zu guter Letzt, auch noch Bauchschmerzen – das war zu viel!

Er hatte noch etwas Pflanzenhaftes, wie eine Blume, die zu viel Sonne bekommen hat und plötzlich in sich zusammenfällt. Er kannte ja keine Verbindlichkeiten und besaß keinerlei Schutzschicht. Er hatte sich den ganzen Tag dem Leben geöffnet, jetzt schloß er die Tür – so einfach war das. Der Tag gehörte dem Leben, die Nacht dem Schlaf.

Dann strich ich leicht über seinen Bauch, um den Schmerz zu lindern und die Müdigkeit in den Schlaf zu lenken. Ich konnte ihm jedoch nicht immer helfen, und manchmal waren wir beide schweißgebadet: er vom Schreien und ich vor Hilflosigkeit.

War es wirklich die Aufspaltung der Milch, die ihm solche Schwierigkeiten bereitete, oder war es das Leben? Wir waren beide an einer Grenzlinie angelangt, was unsere Verzweiflung anlangte, und manchmal spürte ich, wie sich auch mein Gesicht verzog. Dann war ich mir ziemlich sicher, daß es die Welt war mit all ihrer unablässig auf ihn einströmenden Wirklichkeit, die ihn wie ein Käfig umschloß und der er nur durch Schlaf entkommen konnte.

Morgens hingegen keckerte er vergnügt und jodelte von nebenan: Tut mir leid, ich bin Frühaufsteher – du mußt ran! Darf ich dich um eine neue Windel und um mein Frühstück bitten?

Ich bot es ihm in Gestalt meiner Brust. Er nickte und nuckelte. Ich blickte ihn an und flüsterte Beruhigendes in sein Ohr.

Sofort konnte ich sehen, wie seine Haltung etwas Gebanntes, Lauschendes bekam.

Ich hatte stets vermieden, in seiner Anwesenheit mit jemandem zu flüstern. Denn wenn er auch noch nicht zu verstehen schien, war Flüstern doch das deutlichste Anzeichen dafür, daß etwas hinter seinem Rücken vor sich ging. Jetzt aber flüsterte ich zu ihm und eröffnete ihm ein Geheimnis mit jener leisen Behutsamkeit, die solche Dinge erfordern.

Er machte ein aufmerksames, verschwörerisches Gesicht. So wohltuend eine Brust auch war, jetzt beschäftigte sie ihn nicht, er war völlig aufgesogen von meinen Koseworten und genoß die gemeinsame Abgeschiedenheit.

Flüstern, flüsterte er und richtete seinen wackligen Hals mühsam auf, ist ganz nach meinem Geschmack.

Eigentlich, sagte ich leise, weiß ich gar keine Geheimnisse, aber ich will uns eins machen, darum flüstere ich.

Flüstern, entdeckte ich, half, wenn er weinte. Plötzlich hielt er dann inne und schaute versöhnt nach oben.

Doch manchmal, am Abend, wenn es ihn überkam, daß es ihn schüttelte und das Leid kein Ende nehmen wollte, half auch Flüstern nicht mehr. Mit einem Mal empfand ich einen Zerfall des Ganzen, eine Zerstörung des ruhigen Raums, der uns umgeben hatte. Ratlos und ausgesetzt, fiel ich wie er ins Leere, in eine unglaubliche Hilflosigkeit und Verlorenheit. Tausend Schmerzen, auf die ich keine Antwort wußte, tausend gigantische Einsamkeiten, aus denen uns niemand half. Manchmal konnte ich mir gut vorstellen, daß ein beständig weinendes Kind zum Selbstmord treibt. Schlimme Visionen suchten mich heim, daß in seinem Körper irgendein Schaden nistete, eine Krankheit, von der ich nichts wußte.

Die üblichen mütterlichen Alpträume.

Doch ebenso plötzlich, wie sie gekommen waren, verschwanden auch wieder diese Anfälle von Schmerz und Wut, die Stimmung des Kleinen wurde wieder heller und durchsichtiger. Es schien vorbei. Manchmal jedoch ertappte ich mich dabei, wie ich ihn forschend anblickte und eine Trauer registrierte, die in seinen Augen nistete, auch wenn er heiter zu sein schien.

Ist nun mal so, flüsterte er und lächelte mich unter Tränen an.

* * *

Spiegel

Ungeheure Veränderungen gingen in kürzester Zeit mit ihm vor. Jeder Morgen erschien mir wie ein Geburtstag: Ich erwachte mit dem freudigen Gefühl, ein Geschenk zu erhalten. Es drängte mich, zu ihm zu eilen, um zu sehen, was es an Neuem gab, und den Schleier zu lüften. Nicht nur den Schleier über der Wiege, sondern auch den Schleier, der über diesem Wesen lag. Tag für Tag hob ich vorsichtig einen noch feineren hoch, und unter diesem zeigte sich etwas neues Zartes, von einem noch anschmiegsameren Schleier überdeckt. Und mit jedem Schleier, den ich hinwegzog, wurde er ein wenig fertiger und schien sich gleichzeitig auch ein bißchen von mir fortzubewegen.

Das war schön und anregend. Aber auch ein bißchen traurig. Wachsen ist etwas Wunderbares, aber es ist auch ein Entwachsen der Kreatürlichkeit. Hinein in gesellschaftliche Zwänge, Normen und Konventionen. In die beschädigte Welt der Erwachsenen. In eine Welt, die sich müht, die letzten Spuren ihrer Schönheit zu verwischen.

Ich konnte nur hoffen, daß er ein Mann wurde, wie ich ihn mir wünschte. Auf der Seite der Schwachen und widerständig gegen Bestimmer und Mitläufer. Doch andererseits: Die wenigsten, die später gewalttätig wurden, wurden dazu erzogen, anderen die Köpfe einzuschlagen.

Ich nahm seine kleine Hand. Diese schreckliche Unumkehrbarkeit, daß das Leben bereits bis zu seinem Ende in diesem Wesen lag. Daß er seiner eigenen Bestimmung entgegenging.

Er riß seinen Finger los.

Verstehe, sagte ich.

Er blickte mich an, bedachte meine Ängste und sagte: Ich mach' es langsam. Finger um Finger. Das ist zu schaffen.

Hilfe, dachte ich, was steht mir noch alles bevor!

Ich ließ seine Hand los.

Jeden Morgen schien er mir ein bißchen gewachsen. Die Haut wurde glatter, er verlor die Runzligkeit. Er schien sich sicherer in der Luft zu fühlen, wurde ruhiger und heiterer. Der merkwürdige Mongolenschnitt seiner Augen veränderte sich, sie wurden runder.

Schon spaltete sich die Familie in zwei Parteien. Die, die eine Ähnlichkeit mit der Mutter behaupteten, und jene, die sagten, er sei ganz der Vater. Erst viel später würde ich erfahren, daß dies ein jahrelanger Wechsel war und ein allmähliches Sich-Einpendeln auf seine eigene Persönlichkeit.

Die bereits da war. Daß er jemand anderer war, spürte ich schon in vielen Dingen. Zum Beispiel an der Art, wie er zuhörte.

Aufmerksam, sachlich, viel gründlicher als ich. Wie er blickte. Ruhig, besonnen und, ich kann es nicht anders sagen: männlich. Wie er sich auf mich einstellte und sich weich an mich schmiegte, wenn ich ihn in den Arm nahm. Wie er seine Würde schützte, bei aller Intimität, die nötig war.

Oh, Scheiße, seufzte er, wenn er die Windel vollhatte. Dann lächelte er mich entschuldigend an.

Es war eine Vertrautheit, die anteilig war. Meine Gefühle waren nicht geschlechtlich, doch auch nicht unerotisch. Es war eine Wonne, die nichts suchte oder verlangte. Der Genuß lag in der zarten Haut, in der heiteren Leichtigkeit und verspielten Kampflosigkeit. Ich nahm, was bereits da war, und zog es an mich.

Diese Gewißheit, diese versöhnliche Ruhe, die gab es in der Liebe zwischen Erwachsenen nie von vornherein. Die mußte man sich erwerben und suchen.

Dennoch war ich dem Mann, seinem Vater, in allem voraus, der sich zurückgesetzt fand, beiseite stand wie ein skeptischer Anwalt. Oder sollte es stimmen, daß Männer grundsätzlich länger brauchen und erst dann zu einer Nähe finden, wenn das Kind älter ist? (In diesem Fall ließe sich nachweisen, daß es so war. Er wurde später der innigste und verständnisvollste Vater.)

Ich will diese Liebe zum Kind nicht mit der Liebe zwischen Erwachsenen vergleichen. Ich weiß nur eins: Wenn die Menschen bei der Liebe zum Kind haltmachten, wäre es längst mit der Menschheitsgeschichte vorbei. Aber die Liebe zum kleinen Kind kann uns lehren, der Gewalt die Stirn zu bieten und zu lieben, ohne zu unterwerfen. Sie ist frei von grausamer und quälender Leidenschaftlichkeit und von Entfremdung. Es gibt keine Jagdinstinkte, keine Anstrengungen und Versteifungen und kein Eroberertum. Der kleine Anteil von uns, den wir umarmen, verschafft uns etwas Paradiesisches, doch ohne fleischliches Verlangen, ohne Zungenkuß und Stöhnen.

Eigentlich ist alles entgegengesetzt. Ein Dahinschmelzen ohne Wünsche nach Besitz. Eine umfassende Zärtlichkeit, frei von Abstoßung und Anziehung, wie wir sie vielleicht im Alter zwischen den Geschlechtern wiederfinden, wenn die Leidenschaftlichkeit von uns gewichen ist. Eine Vorübung, die unsere Einstellung zur Leidenschaft verändern kann. Unsere Kinder schenken uns neue Bilder von Liebe und Zärtlichkeit.

Die Sehnsucht nach unseren Kindern, die im Alter noch ausgeprägter wird, das Bedürfnis, einen kleinen Körper an sich zu ziehen und zu kosen – natürlich auch Eigenliebe, die sich jedoch verwandeln muß. Wir müssen es wie unsere Kinder lernen, uns immer weiter voneinander zu entfernen. Wir alle haben etwas von König Lear, der sich nicht von seinen Töchtern trennen kann.

Natürlich Eigenliebe. Im Kind lieben wir auch uns selbst. Aber die Zuneigung wird sich verändern, je mehr uns das Kind entgleitet – am Ende grenzt sie an Selbstverleugnung. Denn unsere Kinder werden uns nie gehören.

Die Kinder sind unser Spiegel. Oft findet der Vater in der Tochter, die Mutter im Sohn das, was dem Partner besonders nahekommt, ein ursprüngliches Bild des Geliebten, dem wir verfallen sind. Nur daß wir uns diesmal einem Wesen gegenübersehen, das von uns kommt und dessen Kindheit und Jugend wir miterleben – etwas, was uns der Mann oder die Frau bestenfalls erzählen kann. Wir sehen nicht nur das Ergebnis, sondern wir erfahren das Werden und Wachsen, den Prozeß, an dem wir beteiligt sind. Geschöpfe von manchmal verblüffender Ähnlichkeit mit dem Geliebten, doch unerreichbar für alle Zeit. Inspirierend deshalb, und oftmals verführerisch oder im schlimmsten Fall gar verführend. Doch meist entgleitend – eine uns fremd gewordene Braut, ein sich entziehender Ehemann. Dann, wenn es uns nicht gelungen ist, an unserem Kind auch das liebzugewinnen, das uns fremd ist oder uns nicht gefällt.

Unsere Kinder sind unser Abziehbild, und unsere eigene Irrationalität oder Sprunghaftigkeit, unsere Gedankenlosigkeit und Gleichgültigkeit scheinen durch und sind mit hineingelegt. Das fällt uns vor allem dann auf, wenn wir uns vom Vater oder der Mutter des Kindes trennen. Dann beginnen wir manchmal am Kind zu hassen, was unserem früheren Geliebten gleicht.

Elternschaft hat viele Stadien. Automatisch geht da gar nichts – sie ist ein mühsamer Reifungsprozeß. Der nicht stattfinden kann, wenn das Kind ungeliebt und ungewünscht ist. Dann ist jeder Augenblick des Glücks zerstört, weil man gleichgültig dem Kind gegenüber ist oder gar seine Vernichtung will. Eine unklare und quälend widersprüchliche Beziehung, gestört von Rechnungen, die man mit sich selber offen hat.

Unsere geliebten Kinder aber werden wir bis zuletzt verteidigen, gleichgültig, was geschieht. Insofern kann Elternschaft vielleicht zur reinsten, beständigsten Form der Liebe werden. Alles gewinnt einen neuen Wert, wenn es durch unser Kind gelungen ist, uns mit uns selbst zu versöhnen.

Ein vernachlässigtes Gebiet bei Philosophen und in der gesamten Kulturgeschichte, seit uns die Mythen verlassen haben. Der Religionshistoriker Mircea Eliade, der sich mit den archaischen Mythen beschäftigte, schreibt, warum die Initiation, die rituelle Einführung des jungen Menschen in die Kultur, für den vormodernen Menschen wichtig war. Sie offenbart uns »den an Schrecken grenzenden Ernst«, mit dem der Mensch die Verantwortung auf sich nahm, die geistigen Werte zu empfangen und weiterzugeben. Dieser fundamentale Gedanke der Elternschaft gerät immer mehr ins Vergessen.

Dein Wort in Gottes Ohr, sagte mein Sohn, unbeeindruckt von meiner Geistesfülle, und nestelte am Schleifchen zu seinem gerippten Hemd. Ich weiß nur eins: Du kriegst in mir mal genau den Sohn, den du dir machst.

* * *

Musik

Das Körbchen stand unter der Pergola, ich saß daneben am Schreibtisch unter freiem Himmel und schrieb. Ein leichter Wind bewegte die Weinblätter und die Äolsharfe, die an einem Ast hing.

Ein Augustmorgen mit einer Luft wie ein Lied; die Vögel sangen, die Zikaden begannen vereinzelt mit ihrem Sägen, als übten sie noch. Von drüben im Tal kam das Geräusch einer Pumpe. Der Wind trug die Düfte der Rosen zusammen mit seinem milchigen Atem zu mir her. Da kam aus dem Körbchen eine Art Summen, als vibrierten nicht nur seine Stimmbänder, sondern auch sein ganzer Körper. Ein Wohllaut, so etwas wie eine Massage von innen, der etwas sehr Beruhigendes hatte.

Ich blickte den Kleinen an. Seine Augen hafteten auf den tanzenden Blättern, seine Arme fuchtelten, als bewege er sie mit ihnen. Die Reben, die sich über ihn neigten, nährte der gleiche Wind, der auch seine Brust bewegte. Es sah aus, als atme er die Luft der Rosen- und Rebenblätter und fände die Quelle seines Atems in der Natur, die ihn umgab, als fließe alles in ihm zusammen.

Er dehnte die Töne, ein allmähliches Crescendo, das

immer höher stieg, und seine Augen hingen starr an den Blättern wie in Hypnose. Es war ein betörender Singsang ohne Melodie, voll Freude und Begeisterung. Sein Gesicht leuchtete, seine Augen strahlten. Er war ganz reine Empfindung.

Er selbst war Klang.

Nach einer Weile reichten ihm diese Unterwassertöne nicht mehr für seine aufstrebenden Gefühle, und er wechselte auf ein melodischeres Lalala.

Verlockten ihn die tanzenden Blätter und die vielfältigen Geräusche dazu, zu singen? Woher kam dieses Bedürfnis, mitzuweben bei diesem Klanggespinst? Hatte es etwas mit dem Verlangen nach Sinn zu tun, nach der Notwendigkeit der eigenen Äußerung? Und warum veränderte er die Ausdrucksformen seiner Musik?

Schon als Neugeborener hatte er auf Musik reagiert, wenn ich ihm vorsang. Unter uns wohnte ein Musikliebhaber, der eine kleine Plattenfirma besaß. Vor allem hatte er Verstärker in jedem Raum, so daß der Boden und Florians Bettchen förmlich vibrierten, wenn er voll aufdrehte. Das tat er jeden Tag. Per Zufall hatte ich einmal vom Balkon aus entdeckt, daß er im Zimmer stand und die Symphonien dirigierte.

Bis zu einem gewissen Grad hatte Florian Musikhören auch erlernt. Ich arbeitete immer gern mit Musik und hatte bemerkt, wie er sich dabei lebhafter bewegte. Er hörte mit seinem Körper, wie wir beim Tanz.

Nun begann er, sein Lalala abzuwandeln, er machte Pausen, um aufmerksamer zu schauen, er hielt inne, um eine schaukelnde Bewegung auszuführen, er gurrte und keckerte, es war wundervoll. Die Musik der Wiesen und Bäume strömte durch ihn hindurch. Sein Gesicht, seine

Arme waren durchsichtig wie ein in Rosaschattierungen bemaltes Kirchenfenster.

Etwas Unbekümmertes und Übermütiges kam in sein Lied. Und gleichzeitig bewegte er sich jetzt drauflos und ruderte wild wie ein kleiner Gnom. Wobei es mich besonders faszinierte, zu sehen, wie er gleichzeitig die Bewegungen seiner Beine gleichmütig betrachtete, erstaunt und neugierig, was sie wohl als nächstes anstellten. Er verstand es noch nicht, seine Bewegungen zu lenken. So daß es aussah, als bewegten sich seine Glieder ohne sein Zutun, von einer unsichtbaren Kraft gesteuert.

Diese rumpelstilzchenhafte Kraftmeierei offenbarte die Unbekümmertheit eines Wesens, das nur Siege kennt. Dieses Drauflos hatte etwas Faszinierendes, an dem ich mich nicht satt sehen konnte. Ebenso wie er lallte, krähte und mächtig schrie, um seine Stimme zu erproben, so fuchtelte er auch wild drauflos, um seine Muskeln zu trainieren.

Auch das ist mein Kind: Übermaß, Mutwille, Übertreibung, Potenz, Initiative, Lust an Eroberung, Provokation, Kein-Ende-Finden. Je mehr äußeren Raum es sich damit erwirbt, um so größer wird auch der innere vitale Raum. Von diesem Elan lasse ich mich beim Schreiben mitreißen – allein mit Zurückhaltung läßt sich diese Lebendigkeit nicht beschreiben.

* * *

Gast

»*Corpo di bacco*, er hat es geschafft!« Lauro kam quer über den kleinen Platz auf mich zu. Er strahlte, umarmte mich mit feuchten Augen, legte seine Hand auf den Kopf des Kindes, dann beschwörend auf seine Leiste.

Er begleitete mich redend und gestikulierend durch die Gäßchen des Felsendorfes und grüßte huldvoll nach rechts und links, als sei er selber der Verursacher der kleinen Wölbung des Kindes, in einem Tuch vor den Bauch gebunden. Er überfiel mich mit Ermahnungen, geistigen Vermächtnissen seiner Mamma, sprach mit der ganzen Autorität eines südländischen Mannes, der weiß, daß er Leben gibt. Die beglückende Erfahrung des Erschaffens färbte seine Wangen und löste seine Zunge.

Wir gingen in die Bar und tranken ein Achtel roten Weins. Bald wußten es alle in der Bar, lauter Männer, und meine Fruchtbarkeit bevölkerte ihre Gedanken mit Bildern, als hätte ich sie in die Welt gesetzt. Für diese einfachen Männer vom Land kam die Frau in erster Linie als Geliebte und Mutter vor. In ihrer Erinnerung hatte sich die Geburt eingeprägt als das frappierendste Moment ihres Lebens. »La Vita nuova« nannte Dante seine Vorform zur »Commedia«, und durch die Begegnung mit dem Kind wurden sie, wie Dante durch Beatrice, neu geboren. Das neue Leben ist der neugeborene Mensch. Das Kind, das Geliebte, immer Gelegene, das Erwünschte, der kleine Gast, das Geschenk. Die schöne Ordnung der Welt ist nur dafür gemacht, damit dieses Kind sich wohlfühlt.

Die Vaterschaft des italienischen Mannes rührte mich an. Wie unbekümmert sie sich ihr hingaben, wie sie sie erneut durchlebten und durchdachten! Hier lag ihr Fundament. Das selbstgefällig Katerhafte, mit dem sie sonst über Frauen und die Liebe parlierten, war verschwunden. Das ganze Leben dieser Väter konzentrierte sich auf dieses zentrale Ereignis, das sie über sich hinauswachsen ließ und auf das sie all ihre Liebe, ihre Erfahrung, ihre Arbeit, ihr Tun und Denken, ihr ganzes inneres Leben gerichtet hatten.

Das Kind hat sie alle verändert, sagen sie. Und wenn ich ihren Worten Glauben schenken durfte, so hat es ihnen den alten Menschen ausgezogen und einen neuen angezogen. Sie haben andere Maßstäbe als zuvor.

Später nahm mich Lauro zusammen mit ein paar Freunden mit nach Hause, damit Lucia, seine Frau, von meinem Glück erfuhr. Der Triumphzug, an dem außer Lauro noch Peppe, der Polizist Marx, der passionierte Jäger und Steinmetz, und Claudio, der rotbärtige Arzt, teilnahmen, führte in sein einfaches Bauernhaus. Da herrschte Lucia, das einzige Wesen der Welt, dem es gelungen war, Lauros Potenz und Schöpferkraft zu sammeln und in drei kräftige Wesen zu verwandeln, Julia, Romeo und Dante, die durch die Küche tollten. Endlich, sagte sie und nahm mich mitsamt meinem Sohn in ihre breiten kräftigen

Arme. Sie wußte alles vom Werdegang eines Menschen, vom Neugeborenen bis zum Sterbenden, und das war mehr, als die meisten Frauen wissen. Sachkundig betrachtete sie mein schlafendes Kätzchen, das Kind, das sich langsam entrollte und entfaltete.

Da war etwas Schwaches, Zartes, das brauchte Hilfe. Wärme, Nahrung, ein Willkommen, Worte, Berührung, Schutz. Sie wollte dafür sorgen, daß es sich wohlfühlt bei ihr, und stellte sich ganz darauf ein.

Ich durfte nichts tun.

In der Küche sang Lucia, klopfte und rührte, ich hörte das Wasser plätschern, hörte das Brutzeln auf dem Herd. Ich war nachdenklich geworden.

Ihre Wärme, ihre unzerstörbare Treue gegenüber ihrem Geschlecht, diese Abwesenheit von Härte beschäftigten mich. Dieses unglaubliche Interesse an allem Lebendigen, an der Intimität, an neuen Menschen. Es war, als ob das Leben selbst zu ihr gekommen sei und sie zum Gastgeber machte.

Sie empfing mich immer, als ob ich bei ihr zu Hause wäre, doch dies war etwas anderes. Mein Kind war für sie der eigentliche Gast, der den Tag zu einem Festtag machte. So klein mein Sohn auch war, um seine Aufmerksamkeit wurde gebuhlt, man berührte ihn, sprach zu ihm, lächelte ihn an. Ja, das ganze Festessen, das Lucia dann auffuhr, schien nur seinetwegen gemacht, der sich mit seinem bißchen Milch begnügte.

In dieser umwerfenden Freude lag, empfand ich, das eigentliche Wesen der Gastfreundschaft. Mit dem Empfang dieses kleinen Gastes, der über sieben Meere zu uns gekommen war, begann ein Sonntag, der den Rang des Gastgebers erst offenbar machte und ihn zu Höchstleistungen anspornte. Nichts war Lucia zu schade, kein Wort, kein Ausruf, keine staunende Bewunderung, keine sanfte Berührung. Der schutzlose Knirps weckte ihre Sinne und all ihre Aufmerksamkeit. Sie sang und summte vor sich hin, sprang von den Kochtöpfen zum Kind und registrierte jede kleinste Regung.

Erst später habe ich begriffen, warum für die Italiener die Geburt so wichtig ist. Für sie liegt im Beginn das Bild der Gründung und der Erhaltung, die Bindung an die Tradition. Ihr Familiensinn ist auch politisch.

Nun kamen die Frauen dazu, der Tisch war gedeckt, es gab das herrliche italienische Essen, bei dem sich die Tische biegen und das drei Stunden währt. Echte, selbstgemachte, wunderbar rutschende Spaghetti mit teuflisch gelungenem Sugo aus eingemachten, sonnengereiften, ölumhüllten Tomaten aus dem eigenen Garten, frischer Salat, schließlich ein nach Kastanien und Nüssen schmekkender Wildschweinbraten. Zum Abschluß Pecorino aus der Milch der eigenen Schafe, kräftig und hart, dann die ersten frischen Feigen.

Sie essen nicht viel, meine Freunde, sie sind nicht naschhaft, sie trinken nicht mehr als ein Glas. Da ein bißchen gedünstete Zwiebel, dort ein paar weiße Bohnen. Schwungvoll erhoben sie die Gläser, in denen der rote Wein der eigenen Reben funkelte. Das kleine Kind schien etwas auszuströmen, das ihre Gedanken in Bewegung setzte, es rührte an ihre ganze Liebe für das Wachsende und Lebendige. Sie hatten ihre Liebe erlebt, sie hatten ihre Geburten gehabt, und es war schön, sich daran zu erinnern und aufs neue zu staunen. Nicht ohne eine leise Wehmütigkeit über ihr allmähliches Dahinwelken.

Der Festtag sollte nicht enden. Sie wollten alle die Nähe des Kleinen genießen, Atem tanken für die nächste Zeit. Als gäbe das Kind ihnen ein längeres Leben.

Nach drei Stunden gingen die Gäste. Eine Weile blieben wir noch, von Lucias runden Armen umschlossen. Lucia drückt alles ans Herz. Blumen und Garben, Katzen und Hühner, Sicheln und Töpfe, Söhne und Töchter. Ihr kräftiger Körper stützt alles, auch mich.

* * *

SCHAUEN

Er machte die Augen weit auf, ihre Farbe wechselte von Grau zu Grün. Mühsam fixierte er mich mit seinem Blick. Seine Welt hatte noch etwas Strömendes wie das Meer, das mich an seinen ersten Anblick erinnerte, nach der Geburt. Auch mir gelang es damals nicht, mein Kind anders als nebelhaft und verschwommen wahrzunehmen.

Ich lächelte ihn an. Guten Morgen, mein Kleiner, sagte ich und sang ihm ein eigenes Gurre-Lied, das kam immer an.

Er blickte mich mit verkniffenen Augen an. Bei anderen hätte mich das gestört, doch ich wußte, daß das kein Vorwurf war. Es war nichts als ein Versuch, das funkelnde, überhelle Licht abzuwehren und der Gestalt seiner Mutter festen Boden zu verleihen. Für ihn schwankte ich noch hin und her.

Er sah nur den Augenschein. So ganz war ich immer noch nicht für ihn in Erscheinung getreten. Vielleicht erblickte er auch nur den Ausschnitt meines Gesichts, von seinen Wimpern umrahmt. Einen Kopf, der sich bewegte. Ein Kopf auf Beinen vielleicht. Ein Kopf, transparent und verschwommen, mit schimmernden Reflexen, impressionistisch, wie von Seurat rasch mit dem Pinsel hingetupft. (Hat sich Seurat diese vertraute Durchlässigkeit aus der frühen Kindheit bewahrt und in seine Bilder hinübergerettet?)

Flüchtig, wie ich für ihn war, hielt er sich an meinen Augen fest. So etwas wie eine Küste in seinem optischen Erfahrungshorizont.

Während ich ihn wickelte, überlegte ich, was dieses Fließende und Traumhafte seiner Sicht für unsere Beziehung bedeutete. War die Gestalt der Mutter für ihn veränderbar? War es befreiender als ein klares Bild? Und wie war es, wenn sein Bild zu funkeln aufhörte und alltäglicher wurde? Entfernte es sich dann von seiner Unschuldigkeit und entpuppte sich als schonungslos und hart? War es dann mit dem Geheimnis zwischen uns vorbei? Oder blieb ihm diese Impression ein Leben lang und bestand weiter, neben dem realistischen Bild?

Ist es nicht so, daß wir die wahre Gestalt unserer Mutter nie »objektiv« zu sehen verstehen? Bleibt sie nicht immer verhangen, unabhängig von ihren Fehlern und Flekken, zugleich genauer und ungenauer als das Bild anderer Menschen? Wird die Beziehung zwischen Mutter und Kind von Wellen des Lichts beherrscht?

Ich hätte ihn gern gefragt, stattdessen tauschten wir einen intensiven Blick. Sonnenlicht, Meereswellen, die Weite des Himmels – jeder von uns war verloren in dieser Unschärfe, in dieser Auflösung der Welt. Auf sich gestellt.

Immer noch haftete der Blick des Kindes auf mir, unfehlbar von mir angezogen, ohne sich vom schnarrenden

Telefon oder einem Hubschrauber, der über die Dächer flog, ablenken zu lassen. Meine Augen und meine Stimme waren seine Insel in einer sich verströmenden Welt.

Sein Gesicht verzerrte sich vor Anstrengung, mich anzusehen; er starrte, und ich wußte, wie mühsam das war. Diese Art Unbeweglichkeit geht über unsere Kraft. Nicht ohne Grund ist es eine unheimliche Macht, die nur übernatürliche Wesen besitzen, uns mit dem Blick zu bannen.

Er sah mein nachdenkliches Gesicht und flüsterte: Ich nehm' einen Schluck. Für meine Gesundheit.

Ich gab ihm das Fläschchen. Wegen meiner Reisen hatte ich ihn abgestillt.

Er rülpste. Zum Teufel, Mammi, was ist denn los mit dir?

Nichts, sagte ich.

Bin zwar nur ein kleines Kind, sagte er, aber ich bin nicht blind.

Nun gut, sagte ich, ich denke nach.

Noch ruhte alles auf mir. Ich war die Quelle seiner Entdeckungen, die Verkörperung seines geistigen Raums. Das Wiedererkennen und die Eigenart meiner Person waren die Voraussetzung für seine Bewegung in der Welt. Ich mußte ihm die Sterne vermitteln, die Sonne, den Himmel und das Meer. Den Kosmos der Farben: Rot, Gelb, Grün, Blau und Violett. Ich mußte ihm die Welt interpretieren.

Die Pflanzen, die Menschen, die Tiere. Die Eisbären, die Fische, die Vögel und die Katzen. Jugend und Alter, den Wechsel der Jahreszeiten. Ihm Mut machen und das Schöne zeigen, mit aller Bescheidenheit, ohne ihm gleich alles, was ich wußte, aufzudrängen.

Mammi, Mammi, sagte er und furchte die Stirn, du hast was ausgelassen. Es gibt nicht nur Schönes auf der Welt.

Ich holte tief Luft. Bambino, sagte ich dann, ich weiß, was du meinst. Es ist nur so, daß ich das am liebsten vergesse. Kannst du mir noch einmal verzeihen?

Er blickte mich ausführlich an, mit jenem Blick, wie ihn nur Kinder haben.

Dir verzeihen? sagte er dann, nee. Aber von jetzt an werde ich meine Augen immer offenhalten. Beschwichtigungen vergebe ich nicht.

Ihn auf die Spur setzen, mehr nicht. Ihm helfen, selbst zu sehen. Bis er auf unserem schönen und verrotteten Planeten zu Hause war.

Jetzt war meine Ungewißheit verschwunden, und ich wußte: Je genauer er sehen lernen würde, um so mehr konnte er lieben.

* * *

Würde

Milch und Brei verwandelten sich in runde Ärmchen und Wangen, einen kleinen Bauch, in Muskeln, Haare und eigenes Fleisch, und je mehr er Beziehung zur Welt aufnahm, desto vielfältiger wurde seine Nahrung, desto kräftiger der Geruch seiner Ausscheidungen. Das Blut zirkulierte sichtbar in seinem durchscheinenden Körper und versorgte seinen inneren Raum, die Atmung tauschte ihn mit dem Außen aus. Die Verdauung hingegen war ein zutiefst verborgener Prozeß, an dem ich teilnahm, eine neue einprägsame Lektion.

Trotzdem, ich wickelte ihn lieber allein. Mir kam es sonderbar schamlos vor, daß er diese Aktion ohnmächtig hinnehmen mußte, vor mir ausgebreitet in seiner ganzen Männlichkeit. Natürlich ließ sich daran nichts ändern, war es doch notwendig, ihn, wenn er zu schreien begann, gründlich zu säubern. Und doch rettete ich mich lieber in mütterliche Diskretion und ging rasch und praktisch mit diesen Stellen um, die später einmal sein Geheimstes sein würden.

Je älter er wurde, desto weniger war er Objekt. Er schrie und hob das Bein, gab Hinweise, indem er an seiner Windel zog, und lächelte freudig, wenn ich ihn entblößte, und mit ein paar Monaten machte er gar ein Spiel daraus. Er spielte »Genitalien verstecken«, entblößte sich und zog die Windel wieder vor. Er spielte mit der Grenzlinie, dem Geschlecht, das uns ebenso anzieht, wie es uns trennt.

Das erleichterte mir die Sache. Je weniger passiv er war, desto weniger ausgeliefert empfand ich ihn. Jetzt war er mehr Subjekt, weil er mit dem Geschlecht zu spielen verstand. Nun wurde die Prozedur zu einem Akt der Belustigung.

Ich erzählte ihm das Märchen von Rotkäppchen und sagte mit hoher Stimme: Ich bin der Wolf und fresse dich, ich fresse dich, und machte mich über seinen Bauch her; er quietschte vor Lust. Ich nahm sein Fingerchen und tat, als ob ich es abbeißen würde, das gefiel ihm besonders gut.

Er schlug sich mit seinen Patschhändchen auf den Bauch. Ich kitzelte ihn: Da, sagte ich, ist das Lachen drin, jetzt hol ich es raus!

So alberten wir herum, und es tat mir gut, meinen unterbewußten Müll und die albernsten Verse herauszulassen. Ich glaube, diese Ungezwungenheit, mit der ich übertrieb, Faxen machte und mich von meinen Menschenfresserphantasien befreite – in diesem verrückten Spiel liegt ein tiefes Band zwischen Mutter und Kind. Das war mein anderes, mein blödes Ich, das sonst niemand kannte.

Mein haltloses Ich, das auch übertrieb.

Plötzlich trat ein neuer Ausdruck in seine Züge. Das Gesicht verzog sich, als wollte er weinen. Etwas machte ihm Angst. Ich hatte ihn überrumpelt. War zu heftig geworden in meiner Zärtlichkeit, zu irritierend im Spiel.

Ich hatte ihn beleidigt. Mit einem Mal begriff ich, daß meine Person, diese integre Muttergestalt, zu der er von klein auf aufschaute, ins Wanken geraten war und damit seine ganze Welt. So winzig er war, besaß er doch bereits Würde.

* * *

Nabel

Wo ist Florian?

Das erste, womit er sich auswies, war sein Nabel. Der Nabel als Partner und Paß. Einmal entdeckt, ließ er immer wieder seinen Finger zu ihm hinabgleiten, von beifälligem Murmeln begleitet. Er schien ihn zu mögen. Und wenn der Nabel auch nie seine Zärtlichkeiten erwiderte, er betätigte ihn automatisch, wenn ich fragte, wie einen Klingelknopf.

Der Nabel beschäftigte ihn wie Nähte, Windungen, Öffnungen im Raum. Er war ein Geheimnis. Man konnte ihn nicht immer sehen, aber tasten. Man konnte den Finger hineinbohren, kam aber nicht hinein. Man konnte seine Windungen befühlen. Und wenn man ihn drückte, so war das ein komisches Gefühl, ein bißchen Wonne, ein bißchen Schmerz.

Doch im Gegensatz zu den Augen, Ohren, After, dem Mund existierte der Nabel zweckfrei. Sah nicht, hörte nicht, schmeckte nicht, nahm nichts auf und ließ nichts heraus. Er führte nirgendwo hin. War da, einfach so. Man konnte damit nichts tun. Das war besonders rätselhaft und reizte, ihn zu ergründen.

Seine Nabelbesessenheit teilte er mit vielen Kindern, und auch mich faszinierte der Nabel lange Zeit. Mit acht Jahren glaubte ich, daß aus ihm die Kinder kämen.

Unbewußt fühlte auch er, daß da irgend etwas Unbekanntes verborgen lag, daß es ein Geheimnis zu ergründen galt. Der Nabel hatte für ihn etwas Jenseitiges, verknüpfte innen und außen. Doch warum öffnete er sich nicht? Da war etwas, das mit ihm und seiner Herkunft zu tun hatte – anders war sein grüblerisches Bohren nicht zu erklären.

Er bohrte in seinem Nabel. Wenn man nur reinkönnte! Hier liegt die direkte Verbindung zwischen Mutter und Kind. Hier hat sein abgenabeltes Leben angefangen. Hier erinnerte und wiederholte er, hier arbeitete er an seinem »Ich«. Und hier begann er, sich allmählich als ein eigenes Wesen zu empfinden. Hier wurde er Tag für Tag mit seinem Versuch, sich selbst zu erkennen, neu geboren. Doch bis zur Erkenntnis der Ganzheit war es noch ein weiter Weg.

Die Nahtstelle zu uns selbst, so etwas wie ein kleiner Fruchtstempel, der uns eines Tages unser Ich dokumentiert. Ein verknoteter Weg und eine verflixte Arbeit, die ihn zum Stöhnen brachte. Doch unverdrossen versuchte er, zu sich selbst zu gelangen. So sehr, daß der noch empfindliche Nabel gereizt wurde.

Ein qualvoller Vorgang, sich selbst zur Welt zu bringen, bis man ein sicheres Selbstbewußtsein erwirbt. Der nackte Nabel der Popkultur, Symbol kindlicher Fortpflanzungsmythen, scheint dazu das Gegenbild zu sein. Die jungen Menschen verklären den Rückzug auf den eigenen Körper, das Narzißtische. Die einen wollen sich verlieren an sich, er wollte sich finden.

Wachsen

Ich hatte damals nicht nur mit dem ersten Roman begonnen, ich machte auch Filme. Deshalb war ich schon nach den ersten Monaten unterwegs. Doch sobald die Arbeit beendet war, stieg ich in den Zug und nahm am Bahnhof ein Taxi. Kam ich eilig die Treppen hochgeflogen, lag mein Sohn ruhig da, von Mutter oder Schwester umsorgt.

Verblüfft blickte ich ihn an. Wie groß er geworden war! Eine kleine Trennung genügte, und schon drängte es mich, diese Platitüde auszusprechen. Und wie schön er war! Alles schien sich zu runden, die Gesichtsfarbe war nicht mehr wächsern, sondern rosig, die Haut saftig und glatt.

Er lag in seinem Bettchen und krächzte und fuchtelte mir übermütig eine Begrüßung zu.

Siehst abgespannt aus, sagte er. Aus Sorge krümmten sich seine Brauen.

Tja, sagte ich, ich hatte viel Arbeit.

Ich auch, sagte er und zeigte mir seine Muskeln.

Meistens hatte er inzwischen tatsächlich ein neues Kapitel seiner Biographie aufgeschlagen, und jedesmal hatten Mutter oder Schwester Neues zu berichten, das mit »zum ersten Mal« begann. Jede Woche meiner Abwesenheit bekundete ein Versäumnis. Ich hatte nicht gesehen, wie er zum ersten Mal in die Hände klatschte. Wie er sich zum ersten Mal vom Bett abstieß. Wie er zum ersten Mal Karottenbrei aß. Und wie er zum ersten Mal Spinatbrei ausspuckte.

Er hat ... Er will ... Er ist ... Mit der Sensation, daß er da war, war es vorbei. Das war nicht mehr das Ereignis. Jetzt war entscheidend, was aus ihm wurde. Was er machte.

Er wurde. Er war eine Person. Kein Neugeborener mehr.

Sie maßen ihn. Er ist schon sechsundfünfzig Zentimeter! Er wiegt schon sechs Komma acht!

Vor mir lag ein energiegeladener Bub. Gut beisammen, gierig auf Abenteuer, hellwach, mit glänzenden großen Augen, der schon auf dem Boden herumzukriechen begann.

Ich nahm ihn mit in die Badewanne. Ich hielt ihn. Er begann, wie wild zu rudern, und streckte sich aus. Er nahm eine Beziehung auf mit diesem ihm aus vergangenen Zeiten vertrauten Element. Er stemmte seine Arme gegen mich und schrie, als beanspruchte er den ganzen Platz.

Ich zog meine Beine an und machte mich klein.

Ich merkte zum ersten Mal, was für ein energischer und willensstarker Mensch da neben mir heranwuchs.

Er hob seine Hand aus dem Wasser und betrachtete sie, während er die Finger bewegte. Dann hob er den Fuß, der ihm etwas Fremdes zu sein schien, so etwas wie ein anderer Erdteil. Jetzt begann er mit ihm zu sprechen.

Was machst du denn da, sagte er und streckte die Zehen aus, fasziniert vom entferntesten Punkt seines Selbst.

Das Bein bewegte sich, krümmte sich zusammen und streckte sich wieder aus, ging nach rechts und nach links.

Ich, die Schöpferin dieses bebeinten Wesens, saß bald, ihn haltend, am Wannenrand, in den Bademantel eingehüllt, und betrachtete diese erstaunliche Szene.

Ein Mensch entdeckt seinen Körper. Das war nicht angelernt oder abgeguckt, sondern soeben erfunden.

Aufmerksam sah ich zu, wie er diesen Teil seiner selbst gleichzeitig als Teil der Welt, die ihn umgab, betrachtete. Wie jemand, gegen dessen Anwesenheit man nichts einzuwenden hat, der aber doch ein wenig absonderlich ist. Wo wollte das Bein hin? Was führte es im Schilde? War es verrückt, weil es so hin und her wackelte? Was war sein Geheimnis?

Bei mir bewegten sich die Beine, sofern sie nicht verletzt waren oder ihnen sonst etwas fehlte, automatisch und gedankenlos, als lohne die Sache keine Diskussion, sie machten gewissermaßen blindlings ihre Arbeit und ich verließ mich auf sie.

Das war der Unterschied. Mein Sohn jedoch hatte einen anderen Blick. Er verstand noch zu sehen, als sähe er alles zum ersten Mal. Er war gerade dabei, das Geheimnis des Körpers und seiner Bewegung zu entdecken.

Fasziniert sah ich zu. Es überraschte mich, diesen Prozeß vorgeführt zu bekommen: Ein Mensch entdeckt sein Bein als Außenstehender.

Ähnliches hatte ich beobachtet, wenn er sich im Spiegel betrachtete. Wer war das? Wie kam er da hin? Warum war er so flach? Was steckte dahinter?

Und Florian robbte hinüber zur Spiegelkante, um zu sehen, ob sich dahinter etwas verbarg. Er lächelte sich selber zu. Aber er machte keine Faxen, schnitt keine Gesichter. Das im Spiegel war nicht er, sondern irgendein anderes Wesen.

Das Geheimnis des Spiegels hatte sich ihm noch nicht offenbart. Das zeigte auch seine Mimik, die wie die eines Blinden war.

Ein andermal zwickte er sich den Finger ein. Ein wenig Blut trat in seinen Gesichtskreis, das bekümmerte ihn nicht, aber es faszinierte. Etwas anderes war es mit dem Schmerz. Da gab es mit einem Mal keinen Zweifel mehr, daß es sein Finger war, und er weinte: Der Schmerz weckt unsere Empfindung und bindet uns an uns selber an.

Das eine ist innen, das andere außen. In Florian war noch alles verschmolzen, das er später zu trennen lernte. Es war der Beginn des Lernens, die Teile zusammenzusuchen, die zu ihm gehörten, und sie mit seinem Selbst zu verbinden. Erst mit erwachendem Selbstbewußtsein würde es ihm gelingen, diese beiden Linien zu kreuzen. Nur langsam erwarb er sich so die Vorstellung von der Person, die er war, und formte sich seine Gestalt, ehe er sie wiedererkennen konnte – der Prozeß einer psychischen Entwicklung.

Heute bin ich froh, daß ich mir damals Notizen machte, um diese Dinge zu bewahren – spärliche Aufzeichnungen allerdings, da es mir an Zeit mangelte. Doch spüre ich mit Freude, wieviel noch in mir gespeichert ist. Ein Vorrat, um in späteren Jahren davon zu zehren.

Er seufzte und ließ das Bein ins Wasser plumpsen. Er

hatte die Lust an diesem Spielzeug für den Augenblick verloren.

Doch lag in diesem Seufzer auch eine gewisse Befriedigung. Er war weitergekommen, das war ein Genuß. Dieser tiefe Wunsch, zu wachsen, war in ihm eingelagert wie eine Perle in der Muschel, es war sozusagen sein inneres Projekt.

Ich trocknete ihn ab und legte ihn in sein Bettchen. Noch einmal bäumte er sich auf und ließ seine Kräfte spielen, wie ein kleiner Recke, und ich dachte, daß die Kraftmeierei mancher Männer etwas sehr Kindliches hat. Er sah aus, als könne er es mit der ganzen Welt aufnehmen – und das mußte er auch.

Du kleiner Wicht, sagte ich und spürte für einen Augenblick eine fast menschenfresserartige Zärtlichkeit, die Lust, in ihn hineinzubeißen.

Die Sprache, die wir kleinen Kindern gegenüber anwenden, ist ein schwieriges Terrain. Wir sind nicht präzise, und wir neigen zu Übertreibungen und Superlativen. Grandiose Selbstbeweihräucherung? Oder eine List, um diesem winzigen, auf uns angewiesenen Geschöpf muskelbepackte Macht zu verleihen? Es aufputschen, damit es Lust auf eine weitere Runde Leben bekommt?

Ich gab ihm eine neue Windel, deckte ihn zu und zog das Leintuch glatt. Er mochte es nicht, wenn es Falten warf.

* * *

Bewegung

Ja wo issa denn wo issa denn? Auch ich gab diesen Unsinn von mir.

Wir spielten so etwas wie Verstecken. Ich zog mal den Schleier über der Wiege zu, spähte hindurch, öffnete ihn, rief Killekille!, kitzelte ihn und hielt dann den Vorhang wieder zu.

Er keckerte. Er wurde lustiger und entwickelte beinahe schon etwas wie Humor. Und er kommunizierte mit mir immer intensiver über die Haut.

In seinem Zimmer fühlte er sich heimelig und sicher, und ich hatte das Gefühl, daß er es mochte. Er schätzte eine gewisse Geschlossenheit und Eingegrenztheit und fühlt sich beschützt. Er reckte sich in der Wiege ebenso wie im Bettchen, in das ich ihn manchmal legte, um ihn an einen freieren Blick zu gewöhnen. Er mochte auch seinen Kinderwagen und streckte sich darin behaglich wie eine Katze.

Alles, was ihn einwickelte und einlullte, ob Windeln, Tücher, Körbchen, Tragen, Badetücher, Kuhlen in unserem Bett und Sofamulden oder den winzigen flauschigen Bademantel, zog er der rauhen Umwelt vor.

Gingen wir hinaus in den Park des Alten Nördlichen Friedhofs, veränderte er sich. Die kühle Luft, die fremden Stimmen, der rauhe Wind, die lärmenden Kinder, das Geräusch der Autos, all das beschäftigte ihn. Ich konnte es förmlich sehen, wie es hinter der kleinen Stirn arbeitete, um gleichzeitig aufzunehmen und doch bei sich zu bleiben. Sein Blick wurde wacher, fast vorsichtig, als fürchte er sich vor dieser Weite und diesen großen Plätzen. Manchmal verkroch er sich dann in seinem Kinderwagen und wandte sich ab, schlief einfach ein, um seine Zerbrechlichkeit vor diesem Ansturm zu bewahren. Als könnte er sich auflösen und vergessen.

Kamen wir nach Hause zurück, wachte er auf, wurde lebhaft und lallte genußvoll. Der Gedanke an die ersehnte Wiege, in der ungestörter Schlaf, Liebe und Zärtlichkeit endlich wieder an die Reihe kämen, putschte ihn auf. Mit den Niederungen der Welt hatte er es noch nicht.

Doch erst der Flur. Treppensteigen, vier Stockwerke hoch, das Kind um den Bauch.

Kleiner Besuch bei Claus. Korridor, Teppiche und Türen, im Flur eine Büste und Blechspielzeug. Florian verrenkte den Kopf. Und andere Gerüche. Eine fremde Stimme. Er streckte das Füßchen gespannt in die Luft.

Nächster Stock: Nela. Die Wohnung hell, licht, blau und weiß, ein wenig rosa. Sie saß, hellwach, ganz Lächeln, an ihrem Tisch und trug mit einem bebuschten Stöckchen Farben auf ein weißes Papier auf. Entrückt starrte er das Papier an. Ich konnte es sehen, wie er versuchte, diesen Vorgang zu interpretieren. Dann hatte er es satt, seinen Kopf weiter zu strapazieren. Kuschelte sich ins Kissen.

Am Morgen blieb er meist ruhig liegen, ohne mich herbeizurufen. Wenn ich kam, lag er friedlich da, mit weitgeöffneten Augen, lallte und betrachtete das Spiel seiner Finger. Ihre absonderlichen und selbsttätigen Bewegungen amüsierten ihn. Er übte sich darin, mit ihnen zu sprechen.

Ich nahm den Daumen und sagte: Das ist der Daumen, der schüttelt die Pflaumen ... Das ist der Finger von Mamma, das der von Papa, der ist von Oma und das der von Franziska. Das ist dein Bärchen und das ist dein Kätzchen.

Er lauschte aufmerksam und schien die Worte zu wiederholen. Dann steckte er den Daumen in den Mund.

Wir tauschten Gesten, Mimik, Berührungen, Zärtlichkeiten und Worte. Die Schönheit und Poesie seiner Bewegungen waren erstaunlich. Am meisten faszinierten mich seine winzigen verspielten Hände. Vor mir lag ein wissensdurstiges, verschmitztes Kind mit energiegeladenen Bewegungen, das auf nichts anderes aus war als auf neue Abenteuer.

Er robbte in die Zukunft. Ich legte ihn bäuchlings auf den Teppich über dem Parkett. Erst staunte er über diesen Widerstand und diese neue Unfreiheit, lag lange da und brüllte. Er versuchte, den Oberkörper anzuheben, knickte ab und stieß sich das Kinn, jammerte eine Zeitlang vor sich hin und wandte mir dann anklagend sein zitterndes Köpfchen zu, auf dem noch zu kurzen Hals.

Verdammt, Mammi, was kann ich nur tun? Hilf, Mammi, hilf!

Ich misch' mich nicht ein, sagte ich, und blieb, wo ich war.

Jetzt überkam ihn etwas wie Wut. Verdammt, brüllte

er bodenwärts zum neuen und harten Feind, der ihm eine solche Abfuhr erteilte, dir werd ich's zeigen!

Er stemmte die Arme gegen den Panzer des sturen Gegners, brüllte noch einmal vor Anstrengung auf wie ein japanischer Krieger und kroch los. Ächzend und dickköpfig absolvierte er jeden Zentimeter. Die Adern traten auf seiner Stirn vor Anstrengung hervor, er keuchte und jammerte mit kleiner verzogener Fratze, aber er machte weiter. Bis ihn die Kräfte verließen und er verzweifelt brüllend zusammenbrach.

Er hatte den ersten Meter seines Lebens zurückgelegt. Die Geschichte seiner Vorwärtsbewegung begann. Im Raum und in der Zeit.

* * *

Fläschchen

Die alte Geschichte: Die Zeit verging schnell wie nie, meinem Hinterherhinken zum Trotz, das machte mich manchmal traurig. Er wuchs aus den ersten Jäckchen heraus, der geliebte kleine orangerote Bademantel ließ sich nicht mehr schließen, die einst weite Kapuze lag eng um den Kopf, die ersten kleinen Schuhe paßten nicht mehr. Je mehr er voranstürmte, desto spürbarer wurde mein Alter. Wenn ich die jungen Frauen mit ihren Babys sah, dachte ich: Ich wäre so gern eine junge und schöne Mutter gewesen, mit einem Sohn von zwanzig dann, wenn ich vierzig bin.

Doch wenn ich eine junge Mutter auf dem Spielplatz sah, blickte ich ihr stolz ins Gesicht. Mein Bedauern über mein Alter hatte nichts mit meinem Hochgefühl, es gerade noch geschafft zu haben, zu tun. Ich griff nach den Wurzeln meiner kleinen Zukunft.

Alter? sagte mein Sohn, hab gar nichts bemerkt. Ich kenne nur Gegenwart.

Alles geschah für ihn jetzt, und meine Mutter hatte graues, meine Schwester blondes, ich rotes Haar, das war's. Er urteilte nicht, er wertete nicht, er verglich nicht

– das war sehr angenehm und ist sicher ein Teil des Wohlgefühls, das eine Großmutter bei einem Knirps empfindet.

Mein ursprüngliches Verständnis der Kindheit hatte sich verändert. Ich sah nicht mehr etwas Einheitliches darin, sondern eine Unzahl entschwindender und niemals wiederkehrender Lebensphasen. Kaum hatte ich abgestillt und gab ihm das Fläschchen, hielt er schon den Löffel in der Hand und saß mit uns am Tisch.

Er war ein flinker Trinker und sog seine Milch mit großer Geschwindigkeit aus dem Fläschchen, als wäre es Burgunder. Ich mußte ihm zu seinem Ärger das Fläschchen manchmal entreißen, damit er wieder Atem schöpfen und die Luft von sich geben konnte, die er mit aufgenommen hatte.

Was meine Rolle betraf – gern unterbrach ich ihn bei dieser lustvollen Tätigkeit nicht. Er haßte es und reagierte aufgebracht wie eine Katze, der man das Schüsselchen mit dem Futter wegzieht. Aber ich konnte nicht anders, als ihn zu einem gemessenen Umgang mit der Nahrung zu animieren. Schließlich kommt es im Leben darauf an.

Tatsächlich? Sein Gesicht wurde noch röter vor Zorn. Wo nimmst du denn deine Ideen her? Eine merkwürdige Vorstellung von Lustgewinnung habt ihr. Ich bin so was von frustriert.

Ich fuhr mit dem Finger langsam die Speiseröhre abwärts, um ihm zu demonstrieren, welchen Weg die Milch nahm. Dasselbe tat ich später beim Essen.

Schau, und jetzt erst ist die Milch hier angelangt: Ich stupste an seinen Magen. Doch er, mit rosig angelaufenem Gesicht, noch schwitzend vom Saugen, dachte nur an den nächsten Schluck. Er seufzte tief auf, wie nach langem Leid und tiefer Verlassenheit, als ich endlich wieder sein Füllhorn ansetzte. Und selbst beim Trinken kam ihm ab und zu noch ein Schluckauf dazwischen.

Ich genoß es, zu sehen, wie er trank und die Wangenmuskeln sich spannten. Sie waren schon recht kräftig geworden.

Seinen Schnuller vergötterte er und schrie, wenn er ihm einmal abhanden gekommen war. Er hatte diese Attrappe von Anfang an akzeptiert und baute zu ihm so etwas wie eine persönliche Beziehung auf. Ah! da bist du ja, Halunke! Wo hast du gesteckt? schien er zu rufen und steckte den Schnuller sachkundig rein wie eine Zigarre.

Er liebte dieses Gummiding, er lebte mit diesem Knebel in Symbiose. Er genoß seine Gesellschaft, er flirtete mit ihm und ging mit ihm ins Bett. Ein Werkzeug, um sich von der Mutterbrust zu emanzipieren. Für mich hatte das einen bitteren Beigeschmack, weil unsere direkte Verbindung abgebrochen war. Ich spielte das Spielchen mit. Aber ich versuchte, diesen Pfropfen nicht gleich als Beschwichtigung zu benutzen, wenn er schrie. Ich wollte meine Macht nicht mißbrauchen und seine Proteste nicht im Keim ersticken.

Ich mochte diese Täuschung nicht. Sie war das Symbol für Ersatz schlechthin. Ein frühzeitig abgewandeltes Disziplinierungsvehikel und Regulativ. Eine taktische Heuchelei. Ein Instrument unserer Geschicklichkeit und Macht.

Ich wollte durchschlafen und vernahm doch jedes Geräusch. Es war traurig, zu hören, wenn er, durch irgend etwas aus dem Schlaf geschreckt, von selbst zum Schnuller griff. Einmal, als er ihn nicht fand und ich herbeieilte und ihn ihm gab, sah er mich ganz merkwürdig an.

Als wüßte er, worauf das alles hinauslief.

Mammi, sagte er, was soll der Quatsch? Das Leben ist kurz. Brauchen wir das denn, diese Erziehung zur Einsamkeit? Wollt ihr wirklich mit der Erziehung erreichen, euch abzuschaffen? Eines Tages werdet ihr heulen, weil ihr mir beigebracht habt, ohne euch auszukommen.

Ich dachte viel über Erziehung nach und schlief mit Zweifeln ein. Mein Sohn lehrte mich, daß eine Mischung zwischen Überkommenem und Eigenem notwendig ist.

Erziehung ist keine Gebrauchsanweisung für Menschen. Viel wichtiger als die Handhabung sind Wahrheit, Empathie, Mut, Intelligenz, Mißtrauen gegenüber Dogmen und Ideologien, und Witz. Wenn man glaubt, die Rolle des Erziehers sei etwas Wunderbares, dann muß man immer auch die eigene Gefährdung dabei sehen.

Dann kam die Löffel-Periode. Zerkleinerte Bananen, Brei, Mus, Suppen, denn noch hatte er keine Zähne. Jetzt saß er, in sein Stühlchen geschnallt, mit uns am Tisch und genoß die Gemeinsamkeit. Manchmal streckte er sehnsüchtig seine Arme nach unserem Essen aus. Dann zerkaute ich es und gab es ihm mit dem Löffel. Er machte: Mmmmmm.

Er lauschte unseren Gesprächen und mischte sich lallend ein, und manchmal bot er mir seinen Brei an mit einer Geste, die meinte: Jetzt will ich dich einmal ernähren! Dann tauchte ich meinen Löffel in seinen Brei und sagte: Mmmm.

Ich nahm ihn im Körbchen mit ins Restaurant. Er reckte das Köpfchen und wunderte sich, nehme ich an, über die vielen Menschen, die aßen – vielleicht erinnerte ihn das an Italien. Jedenfalls verspeiste er dort sein erstes Spaghetto, nach dem es ihn dringend verlangte. Da er jedoch noch keine Zähne besaß, schluckte er ihn zur Hälfte hinunter, die andere Hälfte hing wie ein Zigarrillo aus seinem Mund. Ich zog daran und förderte den Spaghetto unversehrt wieder ans Tageslicht.

Er versank in die mühselige Arbeit des Aufnehmens festerer Nahrung und des Geschäfts der Verdauung. Sein Geruch änderte sich, wurde weniger babyhaft.

Er wuchs und entwuchs. Das machte mich still. Er lag auf meinem Schoß und spielte mit meinem Tuch. Dann streckte er die Arme aus, als ob er mich anflehte, ihn in den Arm zu nehmen, und ich verstand und umarmte ihn.

Doch kaum hatte ich ihn umfangen, wollte er schon wieder weg, und ich setzte ihn auf den Boden. Sofort begann er, mit seinem Bären zu spielen, und brabbelte vor sich hin. Er nutzte die Zeit allein.

Da waren wir nun, ich oben, er unten, und ich dachte: Ich bin nichts als ein Arm, der dich stützt und nur dann, wenn du mich brauchst. Wir sind jeder allein – doch in guter Gesellschaft.

* * *

Allein

Mann und Sohn waren für ein paar Tage verreist, um seine andere Großmutter zu besuchen. Zeit, über mich und meine Situation nachzudenken.

Nach Jahren des Alleinlebens hatte ich plötzlich eine Familie. Ich hatte Alleinsein gelernt – jetzt lernte ich mit einem Kind zu leben. Doch eines Tages würde ich wieder allein sein und sammeln, was aus jener Zeit übrigblieb. Und auch mein Sohn würde damit zurechtkommen müssen, allein zu leben.

Es waren Tage einer vorweggenommenen Melancholie und vorgefühlter Verluste, und manchmal war ich traurig wegen der Unmöglichkeit, diese schönen Tage später einmal zurückzuholen. Den märchenhaften ersten Blick. Dieses Einssein zu Beginn. Das erste Erstarren beim Anblick des Himmels. Die ersten verspielten Töne unter der Pergola. Die ersten Blicke der Freude und des Einverständnisses, die ich mit seinem Vater tauschte. Florians Lauschen beim ersten Lied. Das erste Krabbeln von mir weg.

Kann man Sehnsucht empfinden nach etwas, das gerade erst geschehen ist und immer noch geschieht?

Es war eine Voraustrauer, die etwas mit meinem Alter zu tun hatte. Um Geliebtes, das vorwärts entglitt.

Eine junge Mutter denkt kaum daran. Doch eine Mutter, die nicht mehr jung ist, weiß, daß alles wird und vergeht, aufgeht und untergeht und nicht wiederkehrt. Ihr geschärftes Bewußtsein verhindert, sich blind dem Verrieseln der Zeit anzuvertrauen.

Doch es ist seltsam: Je älter wir werden, desto rascher entschwinden die Dinge. Tag für Tag neue Verluste. Um diesen raschen Wechsel festzuhalten, versuchen wir, das Unwiederbringliche in unserer inneren Kornkammer einzubringen.

Meine Schwester und ich sind Kinder einer Mutter, die sich ihr Leben lang allein fühlte. Sie steckte fest in ihren eigenen Gezeiten. War immer müde vom lieben langen Jammertag. Ein unbrauchbares Konzept für uns beide in den Zeiten, die auf uns zukamen.

Wir haben es geschafft, davon wegzukommen. Für unsere Mutter jedoch war alles zu spät. Sie hielt es für eine Beleidigung, wenn wir sagten: Schau doch, die kleinen Wolken im blauen Himmel! So etwas sagt man nicht zu einer Frau, die leidet.

Diese traurige Erfahrung, diese Anspannung und diesen Zorn konnte ich meinem Sohn ersparen. Kinder haben ohnedies mit Weltuntergangsstimmung wenig im Sinn. Auch später, als Florian wußte, welchen Bedrohungen die Welt ausgesetzt ist, blieb er sich seiner sicher. Kinder sind viel tapferer und humorvoller, als man denkt.

Seine Trauer, wenn sie einmal ausbrach, war sehr konkret. Zum Beispiel, als meine Schwester ihn einmal hütete. Ich kam zurück, und es war wie immer. Er lag seelenruhig im Bettchen und blickte mich ohne Überraschung an.

Er hatte mich nicht vermißt. Er war munter und vergnügt gewesen und kein bißchen beunruhigt. Er hatte gegessen, getrunken, gespielt und geschlafen. Für ihn zählte nur, was ist. Klar, kann man jemanden sehen, der nicht im Raum ist? Na eben.

Ein andermal war es entgegengesetzt. Er lag still in seinem Zimmer, ruhig, wie wir dachten. Wir saßen im Nebenzimmer, hörten Musik und arbeiteten.

Doch sonderbar: Als ich nach einiger Zeit in sein Zimmer kam, war sein Kissen feucht, und Tränen rannen seine Wangen herab. Als ich mich über ihn beugte, wandte er sich entrüstet ab.

Warum hast du mich nicht gerufen? fragte ich angstvoll, warum? Er schwieg vorwurfsvoll.

Manchmal reagierte er erst im Augenblick meines Wiederauftauchens mit allen Vorhaltungen des Verrats. Jetzt erst realisierte er den Verlust, als alles längst überstanden war. Mein plötzlich auftauchendes Gesicht schien ihm fremd geworden zu sein.

Dann wieder konnte er stundenlang zu meinen Füßen spielen, wenn ich am Schreibtisch saß, und war über die Ausschließlichkeit, mit der ich mich dem Papier zuwandte, kein bißchen beleidigt.

Er bemerkte mein Verschwinden nie generell, und einen Satz wie »ich bin immer für dich da, auch wenn ich nicht da bin« hätte er niemals verstanden. Unsere Fähigkeit, einem Faktum einen anderen Sinn zu unterlegen, hätte er, wäre ihm ein solches Denken geläufig gewesen, sicher als zynisch bezeichnet. Für ihn zählte nur das: Im Augenblick, wo ich dich bräuchte, bist du nicht da!

Er war in bezug auf Trennung viel widersprüchlicher als ich, manchmal sogar weniger empfindlich.

Er lernte etwas ganz Wichtiges: Vertrauen. Vertrauen in die Stille. In die Fähigkeit, etwas allein zu machen. Die vielen Stunden, die er im Körbchen oder im Gehstall neben dem Schreibtisch und mir verbrachte, ruhig und arbeitend über Bücher oder die Schreibmaschine gebeugt, haben ihm geistige Arbeit nahegebracht. Die ihn später auch schon mal erbitterte. Dann fegte er alle Papiere herunter oder warf sich über ein Blatt wie eine eifersüchtige Katze.

Was würde daraus in zwanzig Jahren werden?

Als ich Jahrzehnte später bewunderte, wie konzentriert er über seiner Arbeit saß, sagte er: Das habe ich von dir gelernt.

Vertrauen, auch in sich selbst und seine Fähigkeiten. So wie er als Baby stundenlang tagträumte oder mit seinen Händchen spielte, so spielte er zwölf Jahre lang Lego, baute auf und riß es wieder ein.

Er lernte nicht nur, mit sich allein etwas anzustellen, er übte es auch, andere nicht zu vereinnahmen und mal in Ruhe zu lassen. Etwas wie Rücksicht, gepaart mit einem instinktiven Wissen, was störte und was nicht. So wußte er zum Beispiel genau, daß direktes Angehen, vor allem verbal, bei meiner Arbeit nicht immer günstig war. Das hatte er beinahe mit der Muttermilch eingesogen, das arme Kind. Er umging es geschickt und erfinderisch. Als er in der ersten Klasse Volksschule war und ich mal wieder die Zeit fürs Mittagessen über der Arbeit vergessen hatte, schickte er mir einen ferngesteuerten kleinen Laster. Er landete mit Schwung an meinem rechten Fuß. Geladen hatte er einen Zettel mit ungelenker Schrift, auf dem stand: Wann gibt es zu essen?

* * *

Grossmutter

Einmal betreute ihn meine Mutter.
Sie stellte ihren kleinen Koffer ab, grüßte uns und ging schnurstracks auf den Schützling zu: Armes Kind. Sie legte den Arm um ihn, als müßte sie ihn trösten. Als wir uns verabschiedeten, blickte der Kleine nicht auf, aufgesogen von einem neuen Spiel. Drei Tage später, als wir sehnsüchtig zurückkehrten, empfing er uns mit Kälte.

Wir sind's, Floriano, schau uns doch an! sagte ich.

Er wandte sich langsam um, wie jemand, den man dazu aufgefordert hat. Sein Blick kam von weit her, blieb verschlossen und auf der Hut.

Das weiß ich doch, Fräulein Mutter. Schön gewesen in Berlin? Er sprach wie zu fremden Eltern.

Dann drehte er sich weg und beschäftigte sich mit neuen Klötzen, einem Geschenk der Großmutter.

Wollte er uns nicht kennen? Ich war mindestens so verwirrt wie er. Denn das Seltsame daran war, daß er uns wohl zu erkennen schien, aber so tat, als hätte er uns noch nie gesehen.

Es dauerte einige Stunden, bis er sich wieder einpendelte, doch auch dann gab es noch Phasen, in denen er sich feindselig verhielt, als wollte er uns zum Teufel schicken. Zwei Tage später begann er plötzlich lang und ausführlich zu weinen, als hätten wir ihn für immer verlassen.

Was wollte er uns mit seiner befremdlichen Abkehr zu verstehen geben?

Daß er nicht zu jenen Babys gehörte, die klammerten?

Natürlich nicht. Die Antwort kam drei Tage später: Ich kam in sein Zimmer, und er blickte mich nicht an. Als dächte er: Verrat, es war schlichtweg Verrat. Er drehte mir den Rücken zu.

Schuldbewußt und irritiert führte ich unsere Gründe an, doch er blieb stur. Mir ist scheißegal, warum, ihr wart weg, basta, das ist Verrat.

Ich mußte es wohl oder übel akzeptieren. Er hatte die Trennung erst realisiert, als sie beendet war und unsere Gesichter wieder vor seinen Augen auftauchten.

Ein ersten Eindruck von der Härte des Verlusts.

Woher kommt überhaupt diese Legende von der heiteren Kinderzeit? Unsere Verluste in der Lebensmitte oder am Lebensende sind nicht so hart wie unsere ersten Verluste mit ihrem herzzerreißenden Schmerz. Zum Glück behalten wir eher das Gute in Erinnerung als das Schlechte.

Das beherrschte vor allem meine Großmutter.

Wenn ich an sie zurückdenke, fühle ich manchmal eine größere Nähe zu ihr als zu meinen Eltern, auch wenn sie von großer Strenge war. Sie hatte Zeit und stellte sich auf mich ein, war nie so zerrissen wie meine Eltern mit ihrem noch zu bewältigenden Leben, das sie von mir wegriß. Sie hatten immer irgend etwas: Umzüge, Arbeit, Politik, Freunde, Krankheit, Hetze, Scheidung, Sorgen. Mit der

Großmutter befand ich mich in einem sorglosen Raum und konnte die Eltern umgehen. Sie korrigierte manches durch ihre mütterliche Zuwendung und kochte gut. Der Altersunterschied jedenfalls trennte uns nicht, er verband uns eher.

Auch zwischen meinem Sohn und meiner Mutter bestand eine gegenseitige Zuneigung. Meiner Mutter kam die Idylle, ein kleines Kind zu hüten, gerade recht, und mit allen Verzärtelungen der krankhaft Verliebten widmete sie sich diesem späten Glück. Immer war sie begeistert und entflammt, und ihre Absorbiertheit von jeder Äußerung des Kleinen war so groß, daß ich mich manchmal als überflüssig empfand. Wenn ich mittags bei meiner Mutter vorbeikam, um mit den beiden einen Happen zu essen, stieß ich auf eine rätselhafte Ablehnung. Sie ging von beiden aus. Als ob ich bei Verliebten eingebrochen wäre, die ich störte.

Daß ich mit meinem Sohn weniger nachsichtig und verliebt umging, wurde mir von ihm heimgezahlt.

Die Schwierigkeiten des Einzelkindes wurden durch dieses Verhalten verstärkt; als wir der Folgen gewahrwurden, einer eigentümlichen Entfremdung, übernahmen wir ihn wieder selbst und erweiterten den Kreis, der um ihn war. Immerhin umgab ihn eine kleine Familie, und meine Schwester, die von Anfang an eine liebevolle Beziehung zu ihm hatte, ging mit ihm nicht viel anders als ich um. Sie ist eine gute Beobachterin und stand mir zur Seite. Es war ein beständiger Austausch, der manches zurechtrückte und Veränderungen registrierte.

Häufig führten wir unsere Erlebnisse mit Florian weiter und bezogen auch unsere Eltern, unsere Mutter mit ein.

Dann dachten wir darüber nach, ob wir die Kraft hätten, etwas an unserer Beziehung zu unserer Mutter zu ändern.

All das hatte auch mit meinem Sohn zu tun. Ein Kind fordert von uns, aufmerksam unsere Beziehungen zu sondieren, das, was unsere Herkunft ist, und das, was unsere Zukunft sein würde.

In der Nähe meiner Mutter jedoch spürte ich schmerzhaft ihren Mangel, den niemand stillen konnte. Nur wenn sie mir ihre Kinderphotos zeigte, konnte ich mich besser in sie hineinversetzen. Wenn wir wissen, woher die Menschen kommen, fällt es uns leichter, ihnen gegenüber das zu empfinden, wonach sie sich sehnen.

* * *

Einverleiben

Meine Schreibmaschine stand auf einem niedrigen Regal, er kroch hinzu, klopfte ächzend auf die Tasten, beknabberte den Rahmen und blickte mich verwundert an: Komisch, wie das schmeckt.

Er ging in Distanz zu dem seltsamen Ding, betrachtete es erneut und lutschte daran. Meine Bleistifte, meine Füllfeder, meine Kugelschreiber waren ihm ein Quell des Vergnügens, der Briefbeschwerer, der Radiergummi, der Locher – alles fand den Weg in seinen Mund. Ich mußte dahinterher sein, daß er die Dinge nicht verschluckte, so sehr war er darauf aus, sie zu erkunden. Vom Greifen der Hand über das Auge und die Zunge und hinein in den Magen – Stadien seiner Liebesbeziehungen im ersten Lebensjahr.

Einmal fand ich ihn in der Küche über eine umgestürzte Flasche Sirup geneigt, deren Inhalt er systematisch auf seinem Körper verteilte. Am Ende war er in eine glitschige Substanz gehüllt wie zum Zeitpunkt seiner Geburt, und er juchzte vor Vergnügen.

Er wurde zu einem Ergründer von Öffnungen und Spalten, von Löchern und Krümeln. Er fuhr rauhe Flächen mit dem Zeigefinger ab und bohrte sich in die weiten Maschen meines Pullovers. Ein Loch in einem alten Strumpf war sein Entzücken. Eine Ritze im alten Parkett amüsierte ihn stundenlang. Er schätzte Knopflöcher und Knöpfe, die am seidenen Faden hingen. Am Knauf des kleinen Schranks drehte er und zog am eingerollten Ende der Tapete. Tausende von Dingen, über die ich längst hinwegsah, faszinierten ihn und brachten ihm Botschaften aus einer unvollkommenen Welt.

Erst wenn wir sehr alt sind und unser Radius wieder schrumpft, verbringen wir wieder viel Zeit in dieser kleinen Welt und bleiben an den Makeln hängen. Die Schriftstellerin Vilma Sturm hat in ihrem Buch »Alte Tage« diese neuen Genüsse mit Ironie und Liebe beschrieben. Aber auch das letzte Sich-Aufbäumen der Sinnesorgane vor dem Verlöschen: »Nie war das Rot so rot, das Brot so köstlich, das Fächeln des Windes so zärtlich.«

Die Welt des Kleinen war so etwas wie das Negativ der Welt seiner Großmutter, die durch ihn die Anfänge wieder neu entdeckte. Das Enkelkind als Einführung in das Alter – was für ein seltsamer Umkehrungsprozeß. Später, als ich meine Mutter mit vierundneunzig Jahren dabei überraschte, wie sie lange auf einen Fleck an der Decke starrte, über einen Farbspritzer am Stuhl in Rage geriet oder fasziniert wie ein Haschischraucher das regenbogenfarbene Zifferblatt ihrer Uhr betrachtete, dachte ich: Es ist doch auch schön, daß solche Kleinigkeiten ihre Aufmerksamkeit auf sich ziehen können.

Alles wird am Ende kleiner, damit wir zurück zu unserem Ursprung gelangen. Ende und Beginn berühren sich und sind einander ähnlich. Und ich, in der Mitte, war das

Zwischenglied. Beide Seiten brauchten mich, und beide erwarteten etwas von mir. Mir war es gegeben, an beidem teilzunehmen.

Manchmal saß ich neben ihm und versuchte zu verstehen, was er dachte, wenn er so lange unbeweglich im Bettchen lag. War es der Reflex des Glasmobiles auf seiner Decke? Oder der Staubfaden am Gasofen, der im leichten Wind der Wärme hin- und herschwang?

Es war so rätselhaft wie meine Mutter, wenn ich sie zwei Stunden später in derselben Haltung im Stuhl vor ihrer Pflanze sitzend fand. Der japanische Schriftsteller Yasushi Inoue hat das in seinem Buch »Meine Mutter« ein rein sinnliches »Situationsgefühl« genannt, das sich, unabhängig von Tag oder Nacht, unabhängig von Uhr- und Jahreszeit eine eigene Welt erschafft.

Eine alterslose, ewige Zeit, aus der mein Sohn kam und in die meine Mutter gehen würde. Vielleicht gibt es am Anfang und am Ende so etwas wie Schutz vor der unabänderlich verfließenden Zeit.

Doch was für meine Mutter nicht mehr von Bedeutung war, das Essen, schuf für meinen Sohn Zäsuren: das Schlucken und Sich-Einverleiben. Zwar war er beim Essen noch nicht »auf den Geschmack gekommen«, aber er arbeitete daran, und manchmal konnte ich Vorlieben und Abneigungen entdecken.

Doch war es leider nicht nur Eßbares, wonach er griff, um es zu verschlucken. Oft war es einfach rot, gelb oder blau: Dann war es die Farbe, die ihn verlockte. Eine rote Kugel aus Glas, die auf meinem Schreibtisch stand. Ein blauer Kugelschreiber, der ihn magisch anzog. Ein goldener Knopf. Eine Schweinekutsche aus Blech versuchte er anzunagen. Der gesichtslose Kopf einer kleinen Figur à la

Niki de Saint Phalle fand den Weg in seinen Mund. Er versuchte sich an einem Löffel. Aber auch Verschlungenes wie ein Wollknäuel reizte ihn, ein Tintenfaß, ein Ohrring, eine Pillendose. An allem nuckelte er und suchte es zu verschlingen. Das Unbekömmliche und Unverdauliche, das Unerreichbare schien ihn geradezu zu beflügeln.

Die Welt als Gastmahl, als Riesentafel, an die alle zum gemeinsamen Verzehr geladen sind. Und er, der Neuankömmling, versuchte, durch Teilnahme an unserer Nahrung gleich welcher Art, an unseren Gegenständen, mit denen wir uns umgaben, zum Mitglied unserer Gemeinschaft zu werden.

Es war nicht nur der kannibalische Rausch der Einverleibung alles Faßbaren. Es war auch eine Aneignung über das Verzehren hinaus: Er vollzog auf seine Weise so etwas wie die Verwandlung von Wein in Blut, einen symbolischen Vorgang, mit Andacht, schnaufender Aufmerksamkeit und keckernder Bewunderung zelebriert. Zu-sich-Nehmen bedeutete nicht nur die Aneignung seines Körpers, sondern auch Aufnahme in eine soziale Gemeinschaft.

Ich unterstützte diese Einverleibung, indem ich in sein Ohr die Bezeichnungen hineinflüsterte, Worte, die er zerkaute, um sie zu verdauen. Auch wenn er noch nicht sprechen konnte, bedeutete es ihm etwas, wenn ich den Stift aus seinem Mund nahm und sagte: Das ist ein Stift. Das ist ein Knopf. Das ist ein Briefbeschwerer. Das kann man nicht essen. Das ist eine Banane. Die kann man essen. Die Metapher der Worte und die Metapher des Magens flossen in ihm zusammen. Er fand es komisch, daß Knopf Knopf hieß und lachte darüber, keckerte und lallte. Witzig, sagte er, je mehr man darüber nachdenkt, desto seltsamer klingt es. Sehr geheimnisvoll. Das also ist ein Knopf.

Und er warf ihn aus dem Bettchen und lauschte auf das Geräusch. Ich bin sicher, er hörte nicht plopp! als der Knopf auf dem Parkett aufschlug. Er hörte knopf!

* * *

Spiel

Man hätte meinen können, es bewegte sich nichts, und doch fanden ungeheure Veränderungen statt. Denn kaum sprachen wir darüber, meine Schwester und ich, und dachten uns in einen winzigen Vorgang hinein, schon entdeckten wir dahinter eine neue Welt, eine so tiefgreifende Veränderung, wie sie die Menschheit in großen Abständen vollzieht.

Dieser Knopf etwa, den er bewußt von sich warf. Die Vorsicht, mit der er meine Tasse berührte. Als erinnerte er sich nicht nur an meine Warnung, sondern auch an den Schmerz, als er sich vor kurzem beinahe daran verbrannte. Wie er versuchte, meine Puderquaste zu bepusten, wie ich es ihm zwei Tage zuvor vorgemacht hatte. Wie er nach dem beschriebenen Papierbogen griff und dann doch seine Hand wieder zurückzog. Am Tag zuvor hatte ich ihn wieder einmal davon abgehalten, eine Seite zu zerknüllen.

Neue und schwerwiegende Erfahrungen. Eine neue Vorsicht, zugleich aber auch eine neue Beweglichkeit und Zielstrebigkeit waren zu spüren. Er hatte entdeckt, daß manche Gegenstände nicht ein für alle Mal am gleichen Platz sein mußten, sondern beweglich waren. Und er fing an, noch reflexhaft, zu realisieren, daß man manches lieber nicht berührte, entweder, weil es weh tat, oder, weil es mir nicht gefiel.

Mein Mißfallen zu äußern fiel mir nicht immer leicht, aber es gab doch ab und zu Gründe, einzugreifen – in meinem oder in seinem Interesse. Interessiert an nichts anderem als am Wohlergehen dieser kleinen Person, mußte ich mich manchmal zur Distanz zwingen und dem wuchernden Wunsch, einzugreifen, widerstehen. Mußte nicht aufgescheucht, sondern ruhig und gleichmütig erscheinen, den Mund, der sich schon zum Warnruf öffnen wollte, schließen und ein Liedchen summen lassen – mehr zu meiner als zu seiner Beruhigung.

Um ihn herum entstand eine neue Welt, ein zersplittertes, aus widersprüchlichen und zu analysierenden Dingen bestehendes Gebilde. Es waren die ersten, nicht immer guten, Erfahrungen bereits zu spüren, etwas, was ich nicht ohne Trauer sah. Das Unerreichbare, dem er sich früher genähert hatte, mit jener Würde und jenem Erbeben, mit dem man etwas zum ersten Mal tut, schwand. Manchmal zog er bereits die Dinge zu sich heran, die er früher nur aus der Ferne bewundert hatte wie ein Heiligtum.

Von Tag zu Tag verließ er häufiger sein Gehäuse und begab sich anderswohin, denn zunehmend fand sein Leben auf dem Parkett statt, zusammen mit Bällen, Stofftieren, seinem Bären. Und trotz meines Programms – nur Stofftiere, kein Plastik, kein Kriegszeugs – war der Boden bald mit den seltsamsten Produkten der Warenwelt gepflastert, über die ich stolperte. Denn er liebte es, ächzend nach und nach alles mit sich zu schleppen, was sich auf dem Boden versammelt hatte.

Die Vielzahl und Verschiedenartigkeit der Spielzeuge brachte ihn zum Erstaunen. Ich mußte es akzeptieren, daß er Kermit, diesen grasgrünen Kunststoff-Frosch, den er noch nie im Fernsehen erblickt hatte, dem Kuschelbären vorzog.

Seine Quietschente hielt er meist fest und unbeirrbar umklammert, daß sie kaum Luft bekam. Doch eines Tages beobachtete ich fasziniert, wie er nach ihr griff, sie drückte und wieder losließ, wieder und wieder, was sie mit einem Quietschen belohnte.

Schau dir das an, sagte ich zu meiner Schwester, er übt Loslassen.

Erst konnte sie es auch nicht glauben.

Wir saßen bei ihm auf dem Boden und sahen zu. Wir hatten es längst vergessen, daß man loslassen lernt.

Sich-Einverleiben und Ausscheiden, Festhalten und Loslassen, Habenwollen und Geben, Krabbeln und sich wieder von der Fläche lösen, darin entwickelte er für die nächste Zeit eine enorme Findigkeit. Eine unablässige Geschäftigkeit hatte ihn erfaßt.

Er übte sich in Alternativen.

Die Welt kam immer näher an ihn heran. Doch gleichzeitig schien sie ihn zu enttäuschen, wenn sie sich als unbeweglich und unverrückbar entpuppte. Denn nun unterzog er auch die größeren Gegenstände, Tische, Stühle, das Sofa, seinen Tests auf Veränderung. Er packte sie und versuchte, sie zu verschieben. Oder er riß daran und geriet in Wut, wenn sie sich nicht von der Stelle bewegten. Doch haftete er nicht mehr starr an einem Ding, sondern verstand auf ein nächstes überzugehen. Er sah mit der Hand.

Seine Haut hatte Augen. Er wurde sicherer in seinen Bewegungen und beharrlicher in seinen Zielen.

Oft lachten wir zusammen, meine Schwester und ich, lachten über Florian, der stets dem »Ich will« des Lebens den Vorzug gab. Wir spürten an ihm diese geheimnisvolle Möglichkeit, den Dingen gegenüber auch respektlos zu sein. Und immer wenn wir zusammensaßen und miteinander sprachen, lauschten wir auf seine begeisterten oder empörten Laute, wenn ihm etwas mißglückt oder mißlungen war. Wir erfaßten, welche Mühsal es bedeutete, welch unerhörte Kraft und Energie nötig waren, sich die Welt zu erschließen.

Es lag eine solche Notwendigkeit in seiner Arbeit, die zu tun war, ein solcher Eifer, mit dem er scharrte, grub, zog, schob, schleppte und wühlte, sich ächzend abstemmte und wieder zusammenfiel, daß wir vor Bewunderung verstummten.

Manchmal kam er mir vor wie ein Vogel, der immer wieder gegen das durchsichtige, aber abweisende Glas fliegt, bis er sich mit der Einsicht in eine geisterhafte Welt begnügt. Vielleicht lag der Sinn darin, sich die Dinge zu erwerben, um sich von ihnen zu lösen?

Gleichzeitig entwickelte sich in ihm so etwas wie Lust an Spiel und Spaß. Er liebte es, gekitzelt zu werden: Die Lust an diesem Spiel war nicht einzudämmen. Er strahlte und keckerte, noch! noch! Hoppe, hoppe Reiter, noch recht vorsichtig betrieben, war sein ganzes Entzücken, oder in die Hände klatschen zur Musik. Und irgendwann einmal begann er richtig zu lachen. Ein rollendes, bewegliches, aus tiefer Brust und aus dem Bauch kommendes Lachen, das seinen ganzen Körper erfaßte.

Oh du verrücktes kleines Ding, sagte ich und zog ihm die Windel aus, puderte seinen Po, du kleiner Komödiant, bist du komisch.

Ich kitzelte seinen Bauch.

Das mag ich sehr. Er lachte, daß es ihn schüttelte.

Du bist so komisch, kleines Milchgesicht.

Er prustete.

Ich pustete auf seinen Bauch.

Ein neuer Wellengang erfaßte seinen Körper. Er seufzte ermattet.

Schluß jetzt, sagte er dann, ich kann nicht mehr. Ich bin müde vom ganzen lieben Tag. Und schlief ein.

* * *

Geduld

Ich lernte – mit Maßen – Geduld von meinem Sohn. Wenn ich ihn beobachtete, wie er sich ächzend wieder und wieder aufzurichten mühte, zusammensank und es sogleich aufs neue versuchte, bewunderte ich den Langmut und die Kraft, die seinen Körper antrieben. Oder wie er weinte, endlos schluchzte, ohne Pause, während ich mit Herzklopfen und in wachsender Panik hilflos im Zimmer herumging und buchstäblich die Hände rang. Oder wie er übte, die Schnur des Maikäfers aus Stoff zu ziehen, damit »Guten Abend, gute Nacht« erklang, wieder und wieder. Man muß diese jämmerliche Sturheit, mit der er alles ohne Pause wiederholte, ohne daß er davon abzuhalten war, beobachtet haben, um zu wissen, welche körperlichen und seelischen Anstrengungen es braucht, zu wachsen. Und wieviel Zeit. Für ihn gab es keine aufgeregte Eile, er erlebte die Zeit noch als einen ewig andauernden Augenblick, ohne Zäsuren und Glokkenschlag.

Ich glaube, es war schlichtweg diese Bewunderung, die meiner Ungeduld (nicht immer) den Stachel nahm und meinen Zorn entschärfte. Ganz abgesehen von der Erfolglosigkeit, die Vorhaltungen mit sich gebracht hätten.

Ich spürte, wie sehr die Ungeduld meine Sicht verstellte. Er war noch so klein und hilflos in dieser Welt und machte doch Riesenschritte: Dafür verdiente er Zustimmung und Applaus.

Das Kind wie der alte Mensch brauchen unsere Geduld. Denn mit der Ungeduld kommt auch das Nichtwissen darum, was der Mensch eigentlich ist, in unser Leben. Müssen wir wirklich erst dann eine Ahnung davon bekommen, wenn einer nicht mehr ist?

So viel helle Seiten es hat, Mutter zu sein, so viel Dunkles und Unheimliches, ja Teuflisches ist auch daran gebunden. Wie wenig wir von uns selbst und von den Menschen wissen, entpuppt sich erst, wenn uns elterliche Macht gegeben ist. Und gibt es eine größere Macht und Verantwortung, als einen kleinen Menschen in Händen zu halten, der in allem auf uns angewiesen ist?

Gerade in diesem Nebeneinander von völliger Abhängigkeit, Forderungen nach Teilnahme, notwendiger Unterweisung und nervlicher Zerreißprobe liegt eine quälende Versuchung. Immer wieder lesen wir von Müttern, die ihrer Macht nicht gewachsen sind und sie in Allmacht, in Herrschertum und willkürliche Grausamkeit verwandeln. Auch die Geschichte ist voll davon – Lloyd deMause erzählt es in seinem Band »Hört ihr die kleinen Kinder weinen«.

Kaum jemand spricht darüber, wie oft er selbst an diese Grenze gelangt ist, wo unsere Liebe in Gewalt umschlägt. Wir müssen Nacht für Nacht immer wieder ans Bettchen treten und das Kind beruhigen, wir müssen es hin- und hertragen und wiegen und wieder in die Decke hüllen, und nicht an uns denken, unseren unterbrochenen Schlaf, die Müdigkeit am nächsten Tag. Vielmehr dürfen wir auch anderntags nicht müde werden, dies alles trotz Beruf erneut zu meistern.

Das Kind lehrt uns, die Wahrheit über uns selbst herauszufinden, vor unseren negativen Seiten nicht die Augen zu verschließen und mit dem Zweifel zu schlafen. Es lehrt uns den Vorrang von Geduld vor allen anderen guten Eigenschaften, heute mehr denn je. Wir leben in einer Zeit der Hast und Ungeduld, und alle Bestrebungen nach Liebe, Wissen, Wohlstand oder Gerechtigkeit sind von Zeitmangel geprägt.

Warum geraten wir in Zorn? Natürlich, weil wir es »gut meinen« mit dem Kind, das es uns so gar nicht zu lohnen scheint, sondern protestiert.

Wir muten unseren Kindern zu viel zu und lassen sie in entscheidenden Dingen allein. Bei allem Einverständnis müssen wir lernen, Grenzen zu ziehen und dies nicht gleich als Eingriff in die Person zu sehen. Persönlichkeit entsteht durch Verantwortung.

Das Nächstliegende und Notwendige mit Maßen tun, ohne ein Übermaß an Besorgnis oder Aktivität, das gilt es zu lernen. Rasch zu reagieren, wenn sich eine Gefahr zeigt. Ansonsten aber sich einstimmen auf jenen Rhythmus, den das Kind vorgibt.

Unsere eigenen Wünsche und Bedürfnisse dem Kind anpassen.

Das Kind als Schule der Geduld.

* * *

VERSTECKEN

Kaum hatte er sich in der Welt ein wenig eingelebt, schon begann er, ihr spielerisch zu entfliehen und sich zu verstecken. Früher hatte er ein Tuch oder eine Windel vors Gesicht gezogen oder sich einfach abgewandt, so daß er uns nicht sah. Sobald er krabbeln konnte, versteckte er sich hinter den Stühlen, dem Sofa oder dem Schreibtisch. Und wenn ich ihn fand, hatte er einen somnambulen Blick und war wie erstarrt. Er spielte ganz offenbar »toter Mann«. Und hatte dabei sicher ein paar inwendige Gedanken, die er uns nicht mitteilen konnte.

Dieses erstaunliche Spiel hatte er sich, wie jedes Kind, selbst erfunden: Er wußte, daß er auf der Welt war und spielte, ihn gäbe es nicht. Sein oder Nichtsein – das ist das Verstecken. Er wiederholte den Anfang, spielte seine Geburt.

Ich ließ mich gern darauf ein. Es war so erheiternd, sein Vergnügen zu sehen, wenn es ihm eine Weile gelungen war, nicht entdeckt zu werden, und er konnte sich über meine Dummheit kaputtlachen.

Das Spiel von der Wiedergeburt war lange Zeit das beliebteste, und um ihm zu zeigen, daß ich verstand, hielt ich ihn erst von mir ab und sagte dann: Tatsächlich, das ist ja der Florian! Seine Augen, seine Stirn, sein Mund, seine Hände und Füße, sein Buch und sein Nabel! Danach drückte er sich fest an mich, und ich liebte ihn über und über.

Im Laufe der Zeit wurde sein Spiel immer raffinierter, und ich konnte ihm vorher bereits ansehen, wie er grübelte. Wohin diesmal, und wann? Besser dann, wenn ich das Zimmer verließ, oder sich hinschleichen, ganz unverfroren, wenn ich am Schreibtisch saß? Später ging es darum, sich möglichst unauffindbar zu verstecken und mich an der Nase herumzuführen. Das Wichtigste daran war, sich seine Überlegenheit vor der einfältigen Suchenden zu beweisen.

Mein Krabbelkind versteckte sich nicht, um sich zu verbergen, sondern um gefunden zu werden. Ich durfte das Spiel nicht überdehnen, sonst wurde er ungeduldig und krabbelte mir entgegen.

Hier bin ich doch, verflixt! Bringst du mich um meinen Sieg, gefunden zu werden!

Er war vom Entdecktwerden geradezu besessen, besessen vom »Anfang«. Damit er wußte, daß es ihn gab, mußte immer wieder sein Nichtsein gespielt werden, das »erste Mal«. Sich-Totstellen als Beginn des neuen Lebens, die Vorstufe zu einer höheren Weise, zu sein.

Diese vielen zweiten Geburten, im Sich-Verstecken versteckt, wiederholten nie die erste, die biologische Geburt, sondern spielten sie nach – das war der entscheidende Unterschied. Als ob er bereits wußte, daß das Ganze ein Kreislauf war.

Er trat damit in eine Welt ein, in der alle Dinge zum

ersten Mal geschehen. Ein Spiel, das fast etwas Religiöses hatte, ein Auferstehungs- und Todesspiel. Niemand hatte es ihm vorgemacht, er machte es sich selbst. Für mich ein Grund, zu glauben, daß wir keine geistigen Meister brauchen, die uns mit solchen Ritualen ins Spiel zwischen Hell und Dunkel einweisen, zwischen Sein und Nichtsein. Wir erfinden als einzelner für uns das, was in den Mythen und Riten der Religion als Gebot zusammengefaßt ist.

Kinder führen uns auf geheimnisvolle Wege. Alles geschieht im Spiel und in Bildern: Tod und Auferstehung als unaufhörlicher Prozeß.

Wie schön wäre es, wenn wir uns von unseren Kindern leiten ließen und diese Erfahrung in unser Leben trügen! Dann wäre nicht so viel finsteres Besserwissen in der Pädagogik, und wir würden mehr vorwärtsweisende Dinge aufnehmen, die uns sonst nicht in den Sinn kämen. Etwa, daß das Versteckspiel nicht nur versteckt, sondern Verborgenes sichtbar macht.

* * *

Ähnlichkeit

Mein Vater hatte eine regelrechte Abneigung gegen alles, was mit Sippe zu tun hat. Nicht nur eine Folge der Verklärung »reinrassiger«, »arischer« Abstammung in der Zeit des Nazismus. Sondern auch, weil er sich seiner jüdischen Herkunft genierte. Er haßte Familienzusammenkünfte und mochte keine Verwandten, und Familienähnlichkeit bedeutete ihm nichts. Vielmehr fürchtete er die Festlegung, die damit geschah, die mögliche Wiederholung. Geheimnisvolles schätzte er ohnedies nicht, und hätte er gewußt, daß in manchen Zügen meines Sohnes nicht nur eine Ähnlichkeit mit seinen Eltern, sondern auch mit seinem Großvater zutage trat, so hätte er meine Freude darüber wohl kaum geteilt.

Doch auch ich erinnere mich, daß es mich als Halbwüchsige mit Abneigung erfüllte, wenn jemand Familienähnlichkeiten feststellte, und ich leugnete sie mit Heftigkeit. Das war die Zeit, in der niemand mir das Brandmal familiärer Zugehörigkeit aufdrücken sollte. Ich verteidigte meine Identität und wehrte mich gegen jede Vorausbestimmtheit, eine Notwendigkeit vielleicht in einer Zeit des Heranwachsens. Ganz abgesehen davon, daß mir etwas rein Äußerliches und Oberflächliches in dieser Beurteilung zu liegen schien, eine Unfähigkeit, mein wahres Ich zu erkennen.

Das änderte sich, als ich mich intensiv mit unserer Familiengeschichte befaßte, und verschwand völlig mit meinem Sohn. Wenn jemand sagte, daß seine Augen und sein Mund ganz von mir seien, strahlte ich. Für mich kehrte sich die Sache nun um: Jetzt mochte ich meine Augen, weil es seine waren – als hätte ich sie von ihm geerbt. Die Ähnlichkeit erfüllte mich mit Stolz, auch wenn ich wußte, daß er vom Wesen her ein völlig anderer war.

Das erlebte ich auch in der Toskana. Italienische Familien auf dem Land machen vieles besser als wir, indem sie das Kind mit einer großen Familie umgeben. Es sind einfache Menschen, aber sie beobachten aufmerksam. Sie spielen und sprechen viel mit ihren Kindern. Die Kinder erleben eine einfühlsame Liebe und können daran ihre eigenen Gefühle entwickeln. Sie haben täglich die alte Oma am Kamin erlebt, ihre Klagen gehört und sie sterben gesehen. Sie haben Konflikte zwischen den Eltern mitbekommen und sich mit ihren Geschwistern gestritten. Sie haben bei sich und anderen Schmerz erlebt und erfahren, daß man ihm mit Mitgefühl begegnen, ja ihn damit sogar lindern kann. Alles Übungen in Empathie. Man hat sie von Anfang an als Menschen wahrgenommen, ist mit viel Eifer auf ihre Bedürfnisse eingegangen, als ob davon auch das eigene Leben abhinge, und hat ihnen zugehört.

Sie kennen das nicht, was meinen Vater, das gebrannte Kind, beherrschte, dieses physische Ekelgefühl vor der Ähnlichkeit. Sie bedrückt nicht der Stempel eines lastenden Fluches, wie er auf uns Deutschen zu liegen scheint, die den Rassenwahn erfanden. Ihr Instinkt sagt ihnen, daß wir uns nie aus der erdrückenden Umarmung der Natur befreien können – ihr Mutterbild ist eng damit verknüpft. Sie wissen, daß selbst in außergewöhnlichen Persönlichkeiten schablonenhafte vererbte Züge auftreten können. Sie mißachten das nicht, sondern preisen es als Merkmal der Kreatürlichkeit.

Die Augen der Mama: der Bäcker in Italien. Der Blick vom Papa: meine Freundin Lucia. Der Mund der Mama: Rudolfo von der Bar. Nada, seine Frau: die Ohren vom Papa. Ein Jahr später: *un mammone*, ein Mamakind, Rudolfo. Zwei Jahre später: *un babbino*, ein Papakind, Nada.

In der Toskana erfuhr ich eine neue Aufmerksamkeit und ein interessiertes, beinahe besessenes Eindringen in das Geheimnis der Familienähnlichkeit. Ich konnte Väter beobachten, die am Strand stundenlang mit ihren Kindern spielten, gutaussehende, fröhliche, zärtliche Väter, eine verhängnisvolle erotische Mischung, die mit ihren Frauen stundenlang über Ähnlichkeiten diskutierten. Jedes Detail, das sie herausfanden und das von ihnen stammte, war Anlaß zur Freude. Sie sahen Familienähnlichkeiten in strahlendem Licht.

Auch Lucia war davon besessen, kreatürliche Merkmale herauszufinden, die Sohn und Mutter miteinander verbinden. Die Nase! Ganz der Papa! sagte sie. Die Stirn übrigens auch. Die Kopfform, das bist wieder du. Verrückt, sein Blick in deinen Augen! Weißt du, was ich meine? So guckt nur ein Mann! Wenn du die Wahrheit wissen willst, es ist und bleibt ein Mysterium, eines der größten überhaupt. Meine Tochter sagt, das sei nichts als die Chemie. Chemie? Das ist Gott! Abbild und Ebenbild! Belohnungen Gottes! Zeichen der Liebe!

Lucias Emphase brachte mich auf neue Gedanken. Konnte es nicht gerade umgekehrt sein, daß Ähnlichkeit nicht ein Zeichen von Unpersönlichkeit war, sondern gerade von Persönlichkeit? War diese Ähnlichkeit zwischen Mutter und Kind und Vater und Kind nicht etwas Einmaliges – mit niemand anderem zu teilen? Kein zweiter konnte aussehen wie mein Sohn.

In unserer Familie, sagte Lucia stolz, gibt es seit Jahrhunderten dieselben Zähne, heruntergerissen dieselben Nasen, nicht gerade klein, wie du siehst. Ein Zeichen von Auserwähltheit, wenn du mich fragst.

Ich bin diesem Glauben wiederholt in Italien begegnet. Das erste, wenn sie ein kleines Kind ansehen, ist der prüfende Blick auf die Eltern.

Wem sieht er ähnlich?, sagte Lucia, die Frage ist faszinierend. Erst einmal ist klar, daß das Kind von euch beiden ist. Man kann es sehen. Beruhigend immer für den Papa! Sogar daß eure Wahl richtig ist, kann man entdekken: fifty-fifty, sichtbar an seinem Gesicht. Und auch wenn es mit eurer Liebe nicht klappen sollte – die Synthese ist da, ist im Gesicht eures Sohnes festgehalten, ein für alle Mal.

Es gab später tatsächlich Phasen in Florians Leben, in denen er einmal mehr dem Vater, kurz darauf wieder mehr der Mutter glich. Dann wieder Veränderungen in Sekunden. Nicht unbedingt durch eine Veränderung seiner Charakteristika, sondern durch eine Gemütsbewegung. So glich er mehr mir, wenn er weinte. Dann schwand das unleugbar Männliche aus seinem Gesicht, es wurde weich. Er hat von mir nicht nur Äußeres geerbt, sondern auch Inneres, das die Synthese ins Wanken bringt. Irgendwo unter der Haut sind immer Wesenszüge unserer Eltern verborgen – ganz können wir ihnen nie entfliehen.

Manchmal konnte ich sogar den künftigen alten Florian entdecken – gerade im ganz kleinen, noch runzligen, von Schmerz verzerrten Gesicht –, so genau, daß ich erschrak. Ein seltsames Gefühl, das Gesicht des Kleinen vorauszudenken in dem, was später die Glätte zerstört und von innen her aufreißt. Auch das Alter, der künftige Schmerz, der Tod sind in den Kindergesichtern bereits verborgen.

Un piccolo tedesco, nannte Lucia meinen Sohn. Jedenfalls, dachte ich, könnte er kein Italiener sein. Aber gibt es so etwas wie das klare Bild eines Deutschen? Nicht nur durch meinen Vater, dessen Lebenssehnsucht es war, »Arier« zu sein, auch durch meinen Sohn, aufgewachsen unter jungen Menschen, die einesteils dem Bild ihrer Idole bis aufs Haar zu gleichen versuchten, andererseits jedoch ihre Individualität bis aufs letzte verteidigten, bin ich immer wieder auf Widersprüche gestoßen. Bei Vertriebenen und bei Rechten mit ihrer Fremdenfeindlichkeit lassen sich immer noch Vorstellungen von einem hochgehaltenen deutschen Nationalcharakter entdecken, doch werden sie immer mehr aufgeweicht. Denn schon im Kindergarten und im Bekanntenkreis wachsen die Kinder heute in Begegnungen mit Kindern verschiedener Nation und Religion auf und lernen Respektierung des Andersseins. Nie habe ich in den Jahren des Kindergartens oder des Horts und der Schule von ihm gehört, daß einer der Freunde Türke oder Italiener sei. Warum fragst du? Er wunderte sich, wenn ich, angeregt durch einen fremdklingenden Namen, über die Herkunft rätselte: Ist doch egal! Später dann formte seine Generation die Realität eines Europa – die jungen Leute wandeln sich vom Deutschen zum Europäer. Wird es sie auf die Dauer unpersönlicher machen, weniger auf ihre Herkunft und ihren Ursprung bedacht, oder vielmehr toleranter, klarer ausgeprägt und entschiedener im Umgang mit anderen? Wird Europa den zerstörerischen Nationalismus, der seine Erfindung ist, überwinden?

Unsere Hoffnung liegt in der Empathie. Der Einfühlung in Menschen, die anders sind und doch ähnliche Gefühle und Gedanken hegen wie wir. Mit denen wir so umgehen, wie wir uns selbst gegenüber verhalten.

* * *

Andere

Ich trug das Kind im Tuch vor dem Bauch. Ich stellte es im Körbchen im Restaurant neben mich. Ich fuhr Florian im Kinderwagen durch die Straßen und durch den Park. Er plapperte laut vor sich hin und fuchtelte mit den Händen, als wolle er jeden, der vorübergeht, festhalten und mit ihm sprechen.

Und tatsächlich, die Leute schienen den Appell zu verstehen, blieben stehen und beugten sich über das Kind. Oft waren es ältere Frauen, voll Neugierde auf das neue Leben, erfüllt von Erinnerungen an ihre eigenen Kinder oder Enkelkinder. Ihnen fiel es leicht, in die Kindersprache zurückzufallen.

Ja was ist denn mit dir? Ja wie heißt du denn? Bist du mein kleiner Florian? Ja hat dir die Mammi heute aber ein schönes Jäckchen angezogen!

Verwitwet, geschieden, kinderlos und alleinstehend oder mit Kindern in Australien, brauchten sie eine Stärkung vom jungen Leben. Sie haben früher ihre eigenen Kinder jeden Tag in den Park geschoben. Haben ihnen Schneeanzüge an- und wieder ausgezogen, die Schuhe von

Hundekot gereinigt, sie zum Kindergarten gebracht und wieder abgeholt.

Sie haben zweimal am Tag warmes Essen gekocht und über zu wenig Schlaf geklagt.

Nun sehnten sie sich danach.

Ich hatte quasi den Namen meines Sohnes angenommen. Ihn kannte jeder. In diesem Reich hatte er einen höheren Status als ich, die nur seine Begleiterin war.

Ein Baby ist so etwas wie Allgemeingut, das jeder berühren und kitzeln, mit dem jeder sprechen und scherzen kann, und ich fragte mich, woher das kam. Lag es allein an seiner Winzigkeit? An seinem unverständlichen Lallen? Oder war es einfach die Freude am neuen Leben?

Mich störte das nicht, und ich genoß sogar diese neue Öffentlichkeit und erweiterte sie. Ich lernte Leute aus der Nachbarschaft kennen, die ich schon oft gesehen hatte, ohne etwas über sie zu wissen. Ich ordnete mich unter die jungen Mütter der Gegend ein.

Schau, Florian, da ist ja die Steffi mit ihrer Mama, und da der kleine Oskar ... Ich machte es wie sie, machte für Florian den Fremdenführer und kommentierte, was ich sah. Schau, Florian, da ist der andere Florian ...

Wir waren so etwas wie eine Abordnung aus einem fremden Land und bewegten uns in einer isolierten Mütterarena, zu der nur wenig Männer Zugang hatten und in der jeder dem anderen Anerkennung und Applaus gewährte. Wir gehörten zum Kreis der Auserwählten, denen eine Fortsetzung ihrer selbst gegeben worden war.

Es waren nicht immer Frauen, die ich mir früher zur Gesellschaft gesucht hätte, und meine Arroganz schlug anfangs noch manchmal durch. Doch je besser ich manche kennenlernte, desto mehr begann ich die Gespräche zu schätzen. Nicht nur, weil ich praktische Auskünfte und Rat erhielt, die meine Ängste milderten. So faßte ich mit Hilfe anderer Frauen Fuß in einem mir noch unbekannten Land mit unbekannten Gefahren.

Unsere eigene Kindheit nützt uns dabei nicht viel, und was wir von den Eltern erfahren, hat für uns nur eine rückwärtsweisende Bedeutung, und wir können und wollen es nicht übertragen. Da wir uns und damit auch die mißglückten Erziehungsversuche unserer Eltern kennen, bleiben wir skeptisch.

Nun jedoch war ich aufnahmebereit für alles, was andere mir zu sagen hatten, und auch mit meiner Mutter gab es einen neuen Austausch.

Ich entdeckte eine Wechselseitigkeit. Nicht nur ich war dazu da, meinen Sohn auf das Leben vorzubereiten – auch er war mindestens so lehrreich für mich wie ich für ihn. Er führte mich in ein neues Leben ein.

Es war ein mir fremder, überraschender Zustand, mich von ihm tragen zu lassen, der mir Freude machte. Einem Kind wünscht jeder nur Gutes – hier zeigte sich mir die Menschheit von ihrer friedlichen, hilfreichen und ruhigen Seite. Die Gefühle, die ich für meinen Sohn hegte, wandten sich auch anderen Menschen zu. Ich muß zugeben, daß ich mir zum ersten Mal wirklich ihre Kinder ansah und mich mit ihnen beschäftigte. Und bei vielen Menschen spürte ich dieses noch nicht Gelöste, dieses der Mutter Verhaftete. Vor allem bei Männern, die oft, je älter sie sind, um so mehr knabenhafte Züge wieder aufscheinen lassen. Bei den jungen Männern begann sich nichts zu verändern. Sie trugen die Kinder im Tuch vor dem Bauch und gingen zärtlich mit ihnen um. Und selbst der Penner im Park, der sein Zuhause war, winkte, lachte und knurrte mit seinem verwitterten Gesicht, ehe er wieder die Flasche an seinen Mund führte: Da issa ja, der Florian, hängt an der Flasche wie ich. Er liebte meinen Sohn, weil er in ihm nicht sein Scheitern erblicken mußte. Er erzählte viel von zu Hause und seiner Mutter: Schließlich war auch er einmal ein Kind gewesen und zählte zum Kreis der Bewunderten und Auserwählten. Nun vermittelte ihm das quietschende Kleinkind etwas von der Freude, auf dieser Welt zu sein.

Das Kleine zieht uns an und erweckt unsere Zärtlichkeit: kleine Hunde, junge Katzen, putzige kleine Affen. Uns reizt ihre einfallsreiche Verrücktheit und ihre verspielte Unberechenbarkeit. Nie wieder werden wir später so frei und allmächtig sein, und auch nie wieder so unverletzlich bei aller Verletzlichkeit.

Es gibt wohl kaum jemanden, auf den ein Baby nicht besänftigend wirkt. Seine Lebendigkeit gibt Hoffnung und richtet unseren Blick auf die Zukunft. Nicht das kleine Kind, empfand ich, sucht Schutz bei uns, sondern wir bei ihm. Seine Anwesenheit befreit uns von den Konflikten unserer mittleren Jahre und der Bürde unseres Alters. Es verkörpert in seiner Würde, was es bedeutet, in der Welt zu sein.

Liebe deinen Nächsten wie dich selbst: Dieses wunderbare Wort wurde verständlich und anwendbar.

Liebe deinen Nächsten wie dein eigenes Kind.

* * *

Demokratie

Mit einem Kind lebt man in einer Öffentlichkeit. Wenn wir beim Italiener in der Stadt, auf dem Friedhof oder beim Bäcker in der Toskana erschienen, bildete sich sofort eine Anhängerschar, die den Kleinen umringte, auf ihn einredete oder seine Gesten, seine Befindlichkeit und sein Gelalle interpretierte.

Er war eine öffentliche Person, dessen Anhängerschaft unzählbar war und sich möglicherweise auf den ganzen Globus erstreckte. Er hatte sich noch nicht aufs Private zurückgezogen und lebte offen wie auf einem Marktplatz, sichtbar und vernehmbar für alle, mitsamt seinen Bedürfnissen und Regungen. Er arbeitete nicht, kannte keine Gesetze und keine Furcht, trug keine Masken, er besaß nichts und lebte ohne Sorgen ungebunden und nackt. Er bürdete niemandem Lasten auf. Was er wußte, gab er nicht preis, und er beriet sich noch mit der Luft und den Wolken. Er schoß keine Pfeile ab, und er wertete nicht.

Er war der Schwächste und doch der Stärkste. Er war friedlich und frei, und diese Freiheit und Gleichheit waren es, die ihn über alle erhoben.

Die Urzelle der Demokratie bildete sich um ihn, indem sie in ihm ihren Schwächsten wählte.

* * *

Stimme

Ein merkwürdiger Kontrast, daß mein Sohn, als er selbst noch ein »Hauch«, etwas Dahergewehtes war, die irdische Luft doch so gewichtig und geräuschvoll einatmete wie ein alter Mensch. Atmen war für ihn noch harte Arbeit. Schon schleppte er eine schwere Last, das Leben.

Er lag in der Wiege, und es klang, als ob er sich quälte, so seufzte, keuchte, stöhnte und schluckte er, und manchmal nieste er sogar. Ich sprach häufig zu ihm, um ihn zu Reaktionen zu animieren, dann unterbrach er sein angestrengtes Atmen und schien zu lauschen. Immer häufiger brachte er Laute hervor, Laute, die ungewöhnlich und nicht nachzuahmen waren. Denn seine Knochen, Knorpel, Membranen und Muskeln, die als Verstärker und Vervielfältiger dienen, bildeten, weich und wenig widerstandsfähig, wie sie waren, noch keinen Resonanzboden.

Sein Ton war hoch und zart und kam meist beim Ausatmen. Doch manchmal, wenn sein Atem vor Aufregung ganz rasch ging, machte er es wie ein deutsch sprechender Italiener, der gern Vokale voraus- und nachschickt, und begann bereits beim Einatmen mit dem Preßlaut »e«, dem sogenannten Glottisschlag.

Je mehr er sich ins Leben eingewöhnte, er es warm hatte und sich zufrieden fühlte, desto gelöster waren seine Muskeln, die Energien flossen leicht, die Töne wurden entspannter. Jetzt klang es wie »ahe«, wobei er den Atem bereits sanfter durch die leicht geöffneten Stimmbänder schickte. Zu meinen stärksten Erinnerungen an seine frühe Zeit gehört neben seinem Geruch dieses »ahe«.

Doch wenn seine Erregung wuchs und er etwas zu erreichen suchte, hob sich der weiche Gaumen, und er schickte, mit geöffnetem Mund, einen Schrei in den Kopf, dessen akustisches Gewölbe er gerade entdeckte. Manchmal war es nicht anders als hysterisch zu bezeichnen, wie er sich erregte, zumindest nennen wir es so, weil Sich-Ausagieren als verwerflich gilt.

Schon wahr, schwer auszuhalten, vor allem, wenn ich nicht wußte, worauf er hinauswollte. Ich war nicht so kühl, zu sagen, dann schreit er eben, ich zerbrach mir den Kopf. Sag bloß, was willst du, mein Kleiner, sag?

Tu ich nicht, sagte er. Das ist deine Aufgabe, es herauszufinden.

Waren auch die Gickser und Schluckser bereits an mich gerichtet, so trieb er doch allmählich von mißverständlichen Lauten zu größerer Ausdruckskraft. Er fand einen musikalischen Weg, seine Gefühle zu beschreiben. Er begann mit mir zu reden, besser: zu lallen. Wenn ich ihn lobte, räkelte er sich nicht nur, sondern gurrte und reckte seinen Körper. Und wenn ich ihn merken ließ, daß das bei mir gut ankam, öffnete er die Augen weit und lächelte mich an.

Ich könnte ein ganzes Buch darüber schreiben, wie sich seine Stimme langsam entwickelte, wie er das Reflexhafte seiner Mundbewegungen, die sich ausschließlich aufs Saugen konzentrierten, verlor und vibrieren übte, vorsichtig den Ton berührte und langsam Sprechbewegungen machte. Doch bis zum ersten Wort und zum Artikulieren war es noch ein weiter Weg. Dafür sprach ich um so mehr. Manchmal kam ich mir geradezu geschwätzig vor, wenn ich ihn wickelte und sagte: So, jetzt kriegst du eine frische Windel, oder ihn wusch: So, jetzt kriegst du ein kleines Bad.

Ahe, sagte er und gab mir einen Tritt.

Dennoch gab es Vorzeichen, daß er sich bereits mit der Sprache beschäftigte, ja, er schien dem nachzusinnen, was ich gesagt hatte, und die Worte in seinem Kopf zu bewegen. Was für eine Aufgabe für so ein kleines Wesen, Laut und Bedeutung zusammenzubringen! Was für ein Schöpfungsakt, die Nahtstelle zweier verschiedener Welten zu berühren, über deren Wechselbeziehungen sich die Menschen seit Urzeiten Gedanken gemacht und Tausende von Büchern geschrieben haben.

Ich sah es an seinen Augen, die mich direkt und unverwandt anblickten, wenn ich sprach, wie er Halt und Verstehen suchte. Am leichtesten fiel es ihm, wenn ich tröstete, beruhigte oder lobte – ich tat es instinktiv melodisch, mit ausgeprägter Mimik und mit Gebärden. Dann versuchte er unbewußt, meine Worte festzuhalten, indem er manchmal seine Hände nach mir ausstreckte und sein Behagen daran murmelnd kundtat und gleichsam zustimmend äußerte: Ahem.

Die beiden Welten der Begegnung im Augenblick der Berührung zu erleben, das war ein fesselnder Augenblick. Die Befriedigung war mit nichts zu vergleichen, wenn ich spürte, daß er verstanden hatte, dies kundtat und gleichfalls zu antworten suchte, auf seine Art. Der erste geistige Zusammenhang zwischen uns stellte sich her und damit auch die Voraussetzung, mit ihm zusammen zu leben. Er betrat eine unbekannte Welt und sah und begrüßte ihre Möglichkeiten, sich zu äußern.

Vom Zwiegespräch mit seinem Körper, seinem Nabel, seinem Bein, seinen Fingern, zum Zwiegespräch mit seiner Mutter – das leitete den Kreislauf des bewußten Lebens ein. Mit dem Blick auf unsere ersten und letzten Worte gewinnt das Leben erst sein volles Gewicht, doch die Philosophie hat sich mehr am Faktum des Todes als des Anbeginns entzündet. Auch in der Literatur ist das Zwiegespräch des Sterbenden mit seinem letzten Gegenüber, seiner Seele, ein festes Genre, das sich bis heute hinzieht – doch jener Augenblick, wo sich Ich und Gegenüber zum ersten Mal kreuzen, führt ein Schattendasein.

Dabei ist es einer der großartigsten Augenblicke unseres Lebens. Und einer der wesentlichsten für unsere weitere Entwicklung. Es ist von großer Bedeutung für unsere Einfügung in die Gemeinschaft, ob unser erstes Gestammel Schrecken, Entsetzen oder Staunen, Zärtlichkeit und Zuwendung ausdrückt.

Fein machst du das! Ich turnte ein wenig mit ihm und bewegte seine Beinchen, strich über die Fußsohle, damit er die Zehen krümmte. So, und jetzt ein kleines Heiaheia, mein Kleiner, ja?

Das kam immer an.

Ahem, ahem, mmm, seine Lippen bewegten sich, seine Miene war sorglos, voll Neugierde, Aufmerksamkeit und

Wohlbehagen. Als sagte er: Ich hab diese Geschichte zwar schon hundertmal gehört, aber sie klingt gut, heiaheia ist immer gut!

* * *

Worte

Eh?« fragend zeigte sein Finger mal dorthin, mal dahin, damit ich ihm den Gegenstand benannte.

»Das ist ein Tisch. Das ist ein Hut. Das ist eine Schreibmaschine.« Seine Leidenschaft für Benennungen war unersättlich.

Es war die Zeit, als er es immer wieder versuchte, sich aufzurichten und selbständige Schritte zu machen, die ihm jedoch noch nicht gelangen. Offenbar bestand eine tiefe Beziehung zwischen den ersten Schritten und den ersten Worten. Als ob die äußere Beweglichkeit auch die Beweglichkeit des Geistes beförderte. Es hatte mit der sich neu eröffnenden Möglichkeit einer Distanz zwischen mir und meinem Kind zu tun, die es notwendig machte, zu kommunizieren. Sein Bedürfnis, an meinem Rockzipfel zu hängen, lockerte sich und machte seinem Wunsch Platz, sich in Beziehung zu mir und seiner Umgebung zu setzen.

Wenn er allein war, lallte er vor sich hin, lange Zeit, als übe er zu sprechen. Und manchmal kam es mir vor, als imitiere er die Melodie und den Tonfall, in dem ich gesprochen hatte. Er nahm die Klapper und sagte: »Aba.« Und manchmal lag er nur still da, hielt das Nuckeltuch vor sich hin wie ein Buch und bewegte stumm die Lippen, wie der heilige Ambrosius, von dem Augustinus in seinen Bekenntnissen schrieb: »Seine Augen liefen über die Seiten hin, und der Geist durchdrang die Idee, während Stimme und Zunge ruhten.« Er gab sich seiner Art der geistigen Lektüre hin, indem er das Wesen dieses Tuchs zu benennen suchte.

Später dann bevölkerte er sein stummes Lesen mit Lauten und Klängen, als wisse er, daß die Dichtung, die auf diesem Tuch enthalten war, nicht Dichtung sein konnte, wenn sie nicht laut gelesen wurde: »Aba ... chch ... aba.«

»Das ist ein Staubsauger. Das ist eine Kaffeemaschine. Das ist ein Kühlschrank.«

Was wollte er eigentlich mit diesen Bezeichnungen, was gaben ihm diese Laute, was fügten sie dem Gegenstand, dessen Berührung, Geräusch oder Anschaulichkeit ihn faszinierten, hinzu? Warum war er nicht mit dem Anblick selbst zufrieden? Warum genügten ihm nicht die Kuscheligkeit und Farbe, die Griffigkeit seines Bären? Offenbar konnten die Dinge nicht sie selber sein, wenn sie nicht mit lauter Stimme ausgesprochen wurden.

Zweifellos spürte er, wenn wir sprachen, einen Mangel, der ihm zu schaffen machte. Er konnte sich für die anderen nicht verstehbar, also nicht voll wahrnehmbar machen. Ganz abgesehen, daß er fühlte, daß es uns Vergnügen machte, uns zu artikulieren. Er wollte sich an diesem spielerischen Austausch mit beteiligen.

Darum lallte und krähte er dazwischen, als spräche er mit uns. Er wollte, daß aus den Dingen Worte geboren wurden, die er in den Mund nehmen konnte. Trifft diese Wendung, Worte in den Mund zu nehmen, nicht genau, was er, der sich alles einzuverleiben suchte, empfand?

»Wawa lola, wawa!« Florian will auch sprechen. Oder: Florian spricht auch. Ich verstand es instinktiv, obwohl es sich erst viel später entschlüsselte, als Florian, magisch angezogen vom Telefon, den Hörer abhob und sagte: »Loalan wawa.« Wawa war über recht lange Zeit ein treffendes, lautmalerisches Wort für Telefonate und Geschwätz jeder Art.

»Das ist die Mama.« Ich wies auf mich. »Das der Papa. Und das ist Florian.« Ich zeigte mit dem Finger auf ihn. »Das ist dein Bär. Das dein Ball. Das deine Ente.« Ich hob die Dinge auf, die er aus dem Bettchen schleuderte und reichte sie ihm, sehr zu seinem Vergnügen, denn er schien zu applaudieren. »Das riecht gut, mmm.« Ich roch an einer Banane. »Und das schmeckt gut.« Ich kostete von seinem Apfelbrei. Düfte, Gerüche und Geschmack bildeten zwischen uns ein psychisches Band.

Natürlich sprach er in seinem Kopf schon längst, ehe er sich zum ersten Wort entschloß. Da hielt er sich an die Gesetze der Höflichkeit und der Konvention: Es war das unentbehrliche »Mamma«, ein herrlich lautmalerisches Wort, in dem das Wesen Mutter sich selbst erklärt. »Mamma«, mindestens so wohlklingend wie »Wauwau« und beides zehnmal besser als »Mutter« oder »Hund«. Und beides Dinge, die Laut gaben und reagierten, also lebendig waren. Das war ganz wesentlich.

Doch weil er manche Worte gut und nutzbringend fand, baute er das Wort »Mamma« auf seine Weise aus und setzte ihm noch einen Klagelaut hinzu: »Mammai« oder »Mammaia«, sagte er mit seiner klaren, zarten, hohen Stimme, quasi das schöne Wort verlängernd, ein mich begeisterndes Sprachdebüt. Es klang zärtlich, wehmütig und appellierte an meinen Beschützerinstinkt.

Im Grunde waren seine ersten Worte nicht unsere, sondern seine Sprache. Mit ihm lernte ich aufs neue zu sprechen und drang in den ursprünglichen Sinn ein.

Der Beginn der Poesie liegt in der kindlichen Sprache, der Glaube an die Kraft des Wortes, an das Gute, das es ausströmt. Das Wort hat die Fähigkeit, Wünsche Gestalt annehmen zu lassen und somit etwas von der Schöpferkraft zu offenbaren.

Das Wort als Zauberwort. Er war ein rastloser Goldgräber. »Wauwau«, und ich reichte ihm seinen struppigen Hund. »Muhmuh«, und die gefleckte Kuh lag in seinem Arm. Und »Mammaia« ohnedies. Das war das Wunschwort schlechthin, das Wort, das alles ermöglichte, alles erfüllen sollte. »Mammaia«, sagte er, wenn ich mit ihm spielen sollte, und »Mammaia«, wenn er mir ein Spielzeug entreißen wollte. »Mamma«, das war die kindliche Vorstellung von der Welt, unwiderruflich an eine Person gebunden, die sie allmächtig und allgegenwärtig verkörperte.

Aus dem »Eh?« wurde allmählich »Dada?«, und er zielte wie ein zorniger Prediger auf den Gegenstand, den ich benennen sollte. Und sobald er es gehört hatte, das Wort, wiederholte er es auf seine Weise und zog sich dann wie ein Tier mit seiner Beute in seine Höhle des Schweigens zurück, es gleichsam innerlich auffädelnd, ein Ordnen seiner Beziehung zur Welt. Lag da mit seinem Wort wie ein Schäfer, der stundenlang einen Käfer oder einen Feigenbaum betrachtet, und schien sich dabei nicht im geringsten zu langweilen.

Ich beobachtete ihn dabei und machte mir so meine Gedanken. Welche Worte gingen ihm gerade durch den Kopf? Hunger? Essen? Mamma? Bär? Milch? Was Warmes? Er lag da, die Augen auf das schwebende Tuch seines Vorhangs geheftet, das heimliche Botschaften hin und her bewegte, halb schon von Träumen überflutet, damit beschäftigt, ungesprochene Worte freizusetzen, Töne und Zeichen herauszufischen und sie im Gedächtnis zu verankern. Die dabei ganz anders sein konnten als die, die ich in der Sprache erfaßte. Es waren Spiegelungen, Fragmente, Zeichen eines unkonventionellen, schöpferischen Wesens, mehr Fragen als feste Begriffe. Denn wenn er es auf seine Weise festgemacht hatte, das Wort, schien er zu fragen und zu warten, als hoffte er auf eine Reaktion: Wenn das Ding einen Namen hatte, mußte es auch antworten, dann war es lebendig.

Es ist die Sprache, die die Geburt vollendet, da sie die Abnabelung zu Ende bringt. Denn es sind die ersten Silben »Mamma«, in denen das Gegenüber Kind zur unumkehrbaren Realität wird. Und es war, so merkwürdig es klingt, für mich auch die Einschreibung des Namens meines Sohnes in seine Geburtsurkunde, die seinen Status als Bürger bedeutete. Damit war es verbrieft, daß er über Rechte verfügte und zu seinen Eltern gehörte, unter deren Schutz er stand, gleichgültig, was geschah. Er war in eine Realität getreten, der sich keiner von uns mehr entziehen konnte. Meine Schriftzeichen, auf dem Dokument im Standesamt hinterlassen, verbunden mit seinem Familiennamen, waren von größter Bedeutung für sein Sein auf dieser Welt.

»Wauwau«, fragte er. »Wauwau!« antwortete ich und wedelte mit dem Hündchen hin und her, und ähnlich war es, wenn er »Wakwak« statt »Quack-quack« sagte und ich den Frosch vor seinem Gesicht tanzen ließ. Und wenn er auch genau wußte, daß dies ein Spiel war, so befriedigte es ihn doch, daß ich die Aufgabe übernahm, dem hartnäckig schweigenden Ding sein besonderes Ich zu entlocken. Das gab ihm Macht. Er berührte mit dem Wort das verborgene Wesen des Dinges, das tot zu sein schien, und erweckte es zum Leben.

Natürlich waren die Dinge, die zum Schweigen verurteilt existierten, für ihn eine harte Nuß, die es zu knacken galt.

Denn hierfür gab es nur Benennungen, die in seinen Augen wenig mit dem Ding zu schaffen hatten. Was konnte ihm schon das Wort »Stuhl« vermitteln, das neben dem Stuhl zu schweben schien? Warum befriedigte ihn nicht mehr die reine Funktion, seine Be-Sitzbarkeit? Warum reizten ihn zweisilbige und mehrsilbige Namen mehr? Warum reichte ihm nicht mehr der Anblick der Banane selbst, die gelbe Farbe ihrer Schale, ihre Glätte, der Wohlgeschmack der Frucht? Warum befriedigte ihn später der Wohlgeschmack des Wortes so sehr, daß er quasi eine genußvolle Verlängerung durch die Wortschöpfung »Bananananane« gab? Ähnliches geschah übrigens, als er die geliebte »Lokomotive« zu »Lokomokototifel« und das die Körperbewegung so wundervoll vervielfachende Auto durch »Autoauto« verdoppelte und sich dem verbotenen »Alkohol« in der Verschmelzung mit seinem Lieblingsgetränk durch »Alcacola« annäherte.

Andere Worte wie »Gedanken«, »Mensch« oder »Kampf« schwebten in seltsamer Unbestimmtheit um ihn herum, ohne Bindung und Festigkeit. Sie waren nicht übertragbar in seine Meditation, ihre im Wort gefangene Bedeutung löste sich für ihn lange Zeit nicht. Abstrakta fragen erst später, wenn die Frage zur Antwort werden kann. Ich war nicht allmächtig und konnte ihnen keine Seele einhauchen, ich konnte sie nur bezeichnen. Andere Worte wieder starben nach einiger Zeit durch Kollision mit der Welt, stürzten ab wie die Sterne. So starb »Mammaia«, als er bewunderte, wie sein italienischer Freund mich kameradschaftlich »Barbara« nannte, seitdem tat es auch er. Mamma, vielleicht ein aussterbender Name, der mit der Familie zu Grunde geht. Nur ein Gott, der es gut mit den Kindern meint, könnte das aufhalten.

»Mamma«, »Mammaia«, ein Wohllautwort, fast wie ein Summen, »Mmm ...«, ein Gefühl der Beruhigung und des Wohlbefindens. Darangehängt fast schon ein Winseln, ein Weinen, ein Auaaua: der Appell an Schutz bei jedem Schmerz. Mamma ist Trost, Liebe, Mitleid, Heimkehr, ein aufnehmender Schoß, ein weiches Bett und ein warmer Brei. Pappa hingegen: ein Wort wie ein Trommellaut, rumtatam-pappa ... Pappa, ein Wort von übermäßiger Prägnanz – dafür braucht es einen Mann. Pappa, das ist der Starke, Unanfechtbare, der über den Problemen steht, er hat eine breite Brust, auf die man trommeln kann. Von ihrer Mutter sind die Pappas längst weit entfernt, mit Leib und mit Seele.

Mamma und Pappa – Wunschtraum und Realität.

Mammi Mammi, das Leben ist voller Leid und Gefahren! Schon wieder eine Beule, auweh auweh!

Komm her, mein Schätzchen, mein kleines goldiges Baby, Mamma pustet, heile heile Segen...

Pappa, auaaua, weh weh!

Florian, hör auf zu brüllen, ich bin nicht taub. Das war wieder die gleiche Ecke nicht wahr? Komm, wir gehen hin und schaun uns das mal genauer an.

Pappa ist jemand, der auf strengere Weise existiert, unabhängiger ist von seinen Gefühlen, so etwas wie ein Beispielmann. Seine Sprache ist deutlicher und bestimmter. Über Beschwichtigungen und Besänftigungen ist er erhaben. Er herrscht über eine benennbare Wirklichkeit und schafft nicht, wie die Mutter, eine klingende Brücke. Aber er redet so, daß man seine Töne und Zeichen im Gedächtnis behalten muß.

Der eigene Name hingegen machte Florian lange Zeit Probleme – er konnte das R noch nicht sprechen. So wurde das eigentümliche »Lola« oder »Lolan« geboren, dann, als er im Spiegel sich selbst zu erkennen imstande war.

Wer ist das? Ich zeigte auf mich. Und mit einem Mal antwortete er deutlich und klar: »Mamma.« Und sah mich an, registrierte meine Freude und flirtete mit mir.

Ein Treffer. Ich war definiert. Hatte Gestalt angenommen und schwebte nicht mehr als vages Wesen um ihn herum, eingebettet in verschwommene Empfindungen. Aber ich war auch schutzlos geworden, plaziert in eine unnachsichtige Realität.

Die Welt gliederte sich in sein deutlicher werdendes Ich, in mich und seinen Vater und andere Teile auf, die es noch einzuordnen galt. Ich gewann eine neue Dimension.

Ein schönes Stück Weges hatten wir bereits zusammen zurückgelegt, bis zu den ersten Worten und zur ersten Benennung. Eine Lektion in Wirklichkeit.

Florian war früh mit Musik aufgewachsen, da ich häufig bei Musik schrieb. Dabei entdeckte ich, daß er offen für alle Arten von Musik war, ob es nun mittelalterliche war, Bach oder ein Lied von Paolo Conte. Er war früh unter

Italienern, und ich war sicher, daß er an den anderen Lauten die Sprache erkannte.

Ich las ihm schon früh vor, wie auch meine Schwester und meine Mutter, sang Schlaflieder und erzählte ihm Märchen. Anfangs nur kurz. Aber ich bemerkte, wie aufmerksam er zuhörte und später nachdenklich dalag, als ob er den Text memorierte und überdachte. Er liebte Reime, die zungenbrecherischen Sprachübungen meiner Schwester, Sprachspiele und Abzählverse. Ich legte eine Platte des Sprachschöpfers Ernst Jandl auf, er lachte. Er mochte schon früh Kinderbücher mit Zeichnungen und blickte sie lange und aufmerksam an.

In meinem Bücherregal steht noch ganz vorn sein Lieblingsbuch: Richard Scarrys »Allerschönster Unsinn«. Manchmal öffne ich es, und dann fällt es genau an jener Stelle auseinander, die Florian zum ersten Mal »las«, natürlich ist das Wort »lesen« hier übertrieben. Denn es war ja nicht so, daß das neun Monate alte Kind schon lesen konnte.

Es war Weihnachten, der Tag, an dem er zum ersten Mal »las«. Er hatte gerade dieses Buch von Richard Scarry geschenkt bekommen. Ungeschickt blätterte er darin, blieb dort hängen, wo »Säuli«, das Schwein, seine Spaghetti ißt.

Zum ersten Mal knabberte er nicht daran, wie an seinen kartonierten Bilderbüchern, riß nicht daran, warf es nicht fort. Nur ein wenig kratzte er am Bild, als könnte er damit das Abgebildete freisetzen. Er lag davor auf dem Bauch und betrachtete die Seite mit intensivem und aufmerksamem Blick.

Er las nicht, aber er versuchte es. Er hatte mich so oft

über meinen Büchern sitzen sehen, jetzt probierte er, sich diesen angemessenen Blick auf das Buch beizubringen.

Mit einem Mal schien er mit großer Schärfe die Andersartigkeit dieses Dinges zu empfinden. Da war etwas, ein Bild, eine Schrift, das einen Raum in sich enthielt. Etwas Irrationales, nie Dagewesenes. Die Bodenlosigkeit einer erdachten Welt.

Er seufzte vor Anstrengung, verzehrt von der Mühsal des Geheimnisvollen und Imaginären.

Und dann geschah etwas Erstaunliches. Er lachte. Ein glucksendes, von innen kommendes Lachen. Lachte er über die Unerreichbarkeit dieses Dinges, weil es so unbekannt war?

Dann schlug er einfach die Seite um und begann aufs Geratewohl zu brabbeln. Als dichte er, weil die Seite für sich selber träumte. Machte Worte. Unverständliche und geheimnisvolle.

Ich weiß was das ist Mamma
Was dich von mir abhält
Rosa Schweine
blaue Autos
Vögel kleine
das ist's, was dir gefällt
Glaub bloß nicht, ich hab keinen Schimmer Mamma
vom Leben in einem Buch.

»Das ist ein schönes Lied«, sagte ich, »ein vertontes Gedicht, nicht wahr?«

Er lächelte stolz.

Dann zog er das Buch über sein Gesicht, als wollte er sich dahinter verstecken.

* * *

Erste Schritte

Kurz darauf, nachdem er mit dem Finger auf mich gezeigt und mich »Mamma« genannt hatte, machte er seine ersten selbständigen Schritte, ohne von mir, wie zuvor, Hilfe zu erbitten.

Er begann, sich zu entfernen. Verließ völlig unerwartet die Vergangenheit und betrat die Zukunft.

Es war in der Toskana. Wir saßen im Zimmer mit den geschwärzten Balken aus Kastanienholz, er spielte auf dem Kachelboden nahe der ein wenig geöffneten Tür mit seinen Tieren.

Plötzlich richtete er sich mit Hilfe des Stuhles auf, stand eine Weile schwankend, bis er sein Gleichgewicht fand, und überquerte mit einem kühnen Schritt die Schwelle. Verharrte juchzend an der Eingangstür und blickte auf die Terrasse, die Bäume, die Wolken, den feinen Nebel, der himmelwärts wanderte.

Dada! Er zeigte aufgeregt brabbelnd mit dem Finger in die Landschaft, die sich weit vor seinen Augen erstreckte, die Terrassen, die Wiesen mit ihren Olivenbäumen, die Maremma zu seinen Füßen und ganz hinten die Insel Giglio und der schimmernde Streifen des Meeres. Dann schwieg er eine lange Zeit mit nach innen gekehrtem Blick.

Der gewaltige Eindruck, den ihm der sich neu eröffnende Raum machte, erinnerte an Petrarca, als er den Mont Ventoux in den französischen Alpen bestieg. Und bestürzt, ja erschüttert die Landschaft, in der Ferne seine italienische Heimat und die Perspektive entdeckte: »Als ich alsdann im Betrachten dieses Berges meine Augen sattsam befriedigt hatte, wandte ich meine inneren Augen in mich selber hinein; und von jener Stunde an war es, daß man uns nicht reden hörte ...« und später: »... etwas Ähnliches muß die Seele erschrecken, die sich Gott annähert.« Den Einbruch des Raumes in die Seele, nennt das Jean Gebser in seinem Buch »Ursprung und Gegenwart«, oder: den Ausbruch des Raumes aus seiner Seele. Jeder Mensch scheint in seiner Kindheit die unerhörte Erweiterung des Weltbildes der gesamten Menschheit in den Jahrtausenden zu wiederholen, die seine Einstellung zur Welt verändert.

Ich fand es erstaunlich, daß er es plötzlich gefühlt hatte, daß er soweit war, diesen Schritt zu wagen. Irgend etwas in ihm mußte ihm gesagt haben, daß er es tun konnte.

Dann machte er ein entschlossenes Gesicht und murmelte sich Mutmachendes zu, so etwas wie ein Wanderlied: »Florian ein kleines Baby? Hoho! Mitnichten!«

Er schlug sich auf den Bauch und gab kämpferische Ch-ch-Laute von sich, die ihn zum Marschieren aufriefen. Ein ächzendes kleines Geschöpf, das sich mit einem Schlachtruf in ein unbekanntes Abenteuer stürzte: Auf in den Kampf! Sein Gesicht bekam etwas Hartnäckiges, Schlaues und Männlich-Verwegenes, als ziehe er geradewegs in den Krieg oder hätte zumindest ein Exemplar von Camus' »Der Mensch in der Revolte« in der Tasche.

Er ging los. Mit einem verblüfften Gesichtsausdruck, wie ein Mensch, der in eine lebensgefährliche Situation geraten ist und nicht weiß, ob er da je wieder herauskommt. Er fuchtelte mit den Händen, als müsse er unsichtbare Feinde in die Flucht schlagen.

Ich hatte längst das Zimmer durch die andere Tür verlassen und ging ihm auf der Terrasse entgegen, mit ausgebreiteten Armen. In einigem Abstand blieb ich stehen, ich sagte nichts und wartete. Auf seiner Brust lag milchiges Sonnenlicht. Ich sah zu, wie er sich quasi an seinem Schwänzchen festhielt, mit einem neuen transzendenten Blick, als begänne er die Distanz zwischen ihm und mir immer mehr zu realisieren.

Weil er nun einmal begonnen hatte, die Entfernung zu überwinden, mußte er auch seine Ängste aufgeben und Fehltritte, Abweichungen, sogar den Fall riskieren. »Und die Menschen gehen die hohen Berge bewundern und die gewaltigen Wogen des Meeres und die langen Läufe der Flüsse und die Unermeßlichkeit des Ozeans und die Bahnen der Sterne, und sie geben sich damit selber auf«, sagt Augustinus in seinen »Bekenntnissen«.

Er gab sich auf – und gewann doch Freiheit: Was er anstrebte, gelang. Der ausgedehnte Raum zwischen uns verringerte sich, und er landete in meinen Armen, leicht und erleichtert wie ein Wölkchen, das ein Windhauch mir zuführte.

»Phhh.« Petrarca hat sich das Land rund um sich angesehen und sich eine neue Perspektive anschaulich gemacht: »Soviel Schweiß und Mühe, damit der Körper dem Himmel um ein kleines näherkomme.«

»Phhh.« Erleichterung, aber auch tiefe Empfänglichkeit für das Erreichte. Er blickte mich lange ganz eigentümlich an, mit einer verwirrenden Tiefendimension, und doch wach und gesichert, als wolle er sich diesen Augenblick ein Leben lang merken.

Zum ersten Mal sah er mich von Angesicht zu Angesicht an, mit einem erwachsenen Blick. Als Gegenüber, als aufrechtes Wesen. Ich war kein Geschöpf mehr, mit dem er verschmolz, sondern ein anderes Wesen, das es zu überprüfen und zu verarbeiten galt.

An seinem Blick konnte ich sehen, wie entscheidend diese ersten Schritte für sein Lernen waren, für sein Denken und sein inneres und äußeres Gleichgewicht.

Ich brauche dich, schien er zu sagen. Aber er brauchte auch seinen Freiraum, die Lust, Dinge auszuprobieren, um in die Welt zu ziehen.

* * *

Männlichkeit

Mein Mann sah ihn schon jetzt breitbeinig mit Bauch in einem Büro sitzen, einen blassen Mann im besten Mannesalter. Das ärgerte mich und machte mich empfindlich.

Ach, sagte ich, hör doch auf. Kannst du ihn denn heute mit zur Motivsuche nehmen? Ich hänge an einer Stelle und möchte nicht immer aufspringen, wenn er was in den Mund nimmt.

Er seufzte. Nun gut, aber morgen geht's nicht.

Die Männer gingen. Ich blieb irgendwie gekränkt zurück. Ich fand es leichtfertig, unseren Sohn in der Vorstellung jetzt schon festzulegen, noch unschuldig und rein wie ein Jesuskind – da fehlte mir jeder Humor. Ich weigerte mich, ihn mir später vorzustellen, und blieb stumm, weit weg von dieser Utopie entfernt.

Haßte ich es nicht, wenn Mütter ihren Sohn in höchsten Tönen lobten? Der Größte, der Beste, der Klügste, der Schönste – wenn man sich anhört, was sie über ihre Söhne erzählen, so muß sich im Zuhörer die Gestalt eines Übermenschen bilden.

Ich muß zugeben, daß mich die Tatsache, einen Sohn zu haben, freute. Das hatte damit zu tun, daß ich in einer

Frauenfamilie aufgewachsen bin. Zu viel Eigenes um mich, zu viel Vorhersagbares, zu viel Liebe zu sich selbst. Nun die Begegnung zweier verschiedener Wesen, die einander anerkannten. Ich begrüßte diesen Schritt, die Abgeschlossenheit meines Ichs zu überwinden und mich mit einem anderen, einem männlichen Wesen zu identifizieren.

Aber ich kannte den Mann nicht. Mein Vater war in den entscheidenden Jahren mehr fern als nah, ganz abgesehen davon, daß er nie ein »normaler« Vater war. Das hatte auch etwas Gutes: Ich hatte kein überkommenes Männerbild. Dafür mußte ich mir erst eines formen und meinen eigenen Weg finden.

Nun lag vor mir ein unbekanntes Wesen, fremd, und doch etwas von mir. Ein ER. Ein verwandtes, und doch eigenständiges und freies Wesen. Das Wärme, Scheu und Verletzlichkeit zeigte, wie ich.

Und doch verlief etwas ganz anders als bei einem gleichgeschlechtlichen Wesen. Vom »Eigenen« war von Anfang an wenig da. Das blieb auch so und verhinderte, daß ich mich in meinem Sohn widergespiegelt sah. Der kühle, pragmatische Blick meines Mannes half mir dabei, mich nicht in meinem Sohn zu lieben. Abgesehen davon, daß es mir nicht an Anerkennung mangelte und ich die Zeit seines Heranwachsens nutzte, mir einen neuen Beruf aufzubauen.

Als er älter wurde, war es nicht immer leicht, das aufzunehmen und zu mögen, was mein Sohn akzeptierte, erreichte und liebte. Auch alles, was ihn liebte. Doch bewunderte ich immer seine Selbständigkeit in allem, was er tat und entschied. Es wurde jedoch zum Kampf, als er sich für ein mathematisches Gymnasium entschied gegen unseren Wunsch, ein musisches zu besuchen.

Mag sein, daß er sich schon früh vom kulturellen Klima zu Hause unterscheiden wollte. Denn soviel stand für ihn bereits mit sieben Jahren fest: Regisseur, sagte er, würde er nicht, da stünde man nur herum, und Schriftsteller auch nicht, denn da säße man nur herum.

Sicher war es für mich leichter, bei einem Sohn die Eigenständigkeit zu akzeptieren. Ganz abgesehen davon, daß er sie früh schon aufs beste zu verteidigen verstand. Ihm war der Widerspruch von Anfang an vertraut, ein hungriges Streben nach Selbständigkeit.

Da er nie ganz mein war, sondern ich ihn immer als gesondert empfand, konnte ich mir das auch nie wünschen. Ins Kino gehen mit meinem Sohn und seinen Freunden? Eine Party der Jugendlichen besuchen? Du lieber Gott! Ich habe ihn mit einer Hand in Schach gehalten und mit der anderen Maschine geschrieben, um unseren Lebensunterhalt zu verdienen, und jetzt ihn dafür ausnutzen?

Alleinstehende Mütter, die ihren Jungen als Ersatzpartner mißbrauchten, kamen bei mir nicht gut an. Das einzige Mal, wo ich mich als wirklich gefährdet empfand, war, als sich sein Vater und ich trennten, da war er fünfzehn. Ich war traurig und verletzt, nicht anders als er. Doch jeder für sich: Er auch aus Solidarität mit dem Vater, ich, um ihn in meine Stimmung nicht reinzuziehen. Allerdings gelang es uns in dieser schrecklichen Zeit auch nicht, uns aneinander zu wärmen. Nur manchmal erhaschte ich einen teilnehmenden Blick.

Trost spenden, das konnte er erst, als es mir besser ging. Je mehr er sich abspaltete, desto leichter fiel es ihm, mit mir wieder Berührungen und Zärtlichkeiten auszutauschen.

Schon merkwürdig, daß er schon von Anfang an einen männlichen Blick hatte. Nie hat jemand, der den Kopf in den Kinderwagen steckte, gerufen: Was für ein niedliches Mädchen! Kein Zweifel, sein ruhiger Blick aus großen Augen eröffnete eine entschiedene Männlichkeit. Und bei aller Offenheit, Tiefe und Eindringlichkeit schien er nie die Welt so zu sehen, wie sie sich ihm zeigte, sondern so, wie sie ist.

Für mich war das neu, diese Verbindung zwischen Poesie und Vernunft, die Maßstäbe setzte. Da war eine eigentümliche Vorausbestimmtheit, die keinen Raum ließ für Phantasterei und jugendliche Albernheit. Auch dann nicht, als in der Pubertät vorübergehend eine gewisse Schafigkeit in seinen Blick trat, die vielleicht mit Erstaunen zu tun hatte. Ihn verwunderten die ersten Erfahrungen mit seiner Sexualität, nehme ich an. Ein tief individuelles Gefühl, und nicht immer eine Quelle der Vergeistigung.

Das Geschlechtliche an meinem Sohn hat mich immer in Distanz gehalten. Mag sein, daß er von mir mehr erfuhr als ich je von ihm. Doch war mir der Kult der Sohnesliebe, der bei vielen Müttern einen erotischen Beigeschmack hat, immer suspekt.

Was nicht verhinderte, daß ich seine Sexualität durchaus wahrnahm. Doch war sie nur ein Teil der Veränderungen, die uns erfaßten. Nicht mehr, aber auch nicht weniger.

* * *

Schuld

Er war noch kein Jahr alt, als ich das erste Mal so etwas wie Schuldgefühl bei ihm entdeckte. Ich frage mich oft, wie das kommt, daß so komplizierte seelische Dinge mit einem Mal hervorbrechen können. Hatte er es beobachtet, übernommen? Oder tatsächlich zum ersten Mal empfunden?

Was das Hoheitsgebiet meines Schreibtisches betraf, war er immer sehr neugierig. Kein Wunder, wenn die Mutter soviel Zeit damit verbringt. Je mehr er zu einer selbständigen Persönlichkeit wurde, desto häufiger suchte er meine Arbeitsstätte auf, um das unterste Fach leerzuräumen oder Papier zu zerknüllen. Da war eine Grenze, eine Unnachgiebigkeit und Getriebenheit, hinter der seine Lenkbarkeit endete. Aber auch meine Nachgiebigkeit. Selbst das bezauberndste Lächeln konnte mich nicht davon zurückhalten, ihn mahnend zuzurufen: Florian! Du weißt, ich will dich nicht bei meinen Papieren sehen!

Er hielt mit dem Robben inne und tat so, als überlege er ein bißchen. Doch sein Kurs war klar. Er hielt auf den alten Schreibtisch zu und zog am Schlüssel der unteren Lade, die meist offenstand.

Florian, jetzt hör mir mal zu.

Während ich in verzweifeltem Kampf um die »Herrschaft« das Ganze noch einmal zusammenfaßte, lagerte er bäuchlings vor dem ergatterten Stoß und blickte zu mir hoch. Ich setzte mich auf den Schreibtischstuhl, damit ich ihm nicht so monumental wie eine mahnende Göttin erschien, und legte die Papiere wieder zurück. Bitte, sagte ich sanft, laß meinen Schreibtisch in Ruhe. Ich brauch das zum Denken.

Bin ja schon weg. Nur noch dieses Fetzchen Papier.

Er griff danach und blickte mich an.

Nein, sagte ich und entwand ihm die Seite, hier ist dein Bärchen, hau ab hier und spiel.

Hör auf mit dem Kinderkram, sagte er, und als er erneut zugriff, gab ich ihm einen kleinen Klaps.

Er rollte sich mit einem Schmerzschrei zusammen und nahm wimmernd den Daumen in den Mund, ganz Baby mit einem Mal.

Am Tag darauf hockte er erneut vor dem Schreibtisch, wo offenbar seine gebündelten Energien zusammenliefen, zerknüllte seelenruhig ein paar Seiten und versuchte, sie in den Papierkorb zu werfen.

Also Florian, sagte ich im verzweifelten Kampf um etwas für mich allein. Also! Was machst du da?

Er zuckte zusammen. Zum ersten Mal in seinem Leben zuckte er zusammen.

Ich sehe es heute noch, dieses Erbeben, das durch seinen Körper ging. Als hätte ihn ein Blitz getroffen. Dann saß er ganz still da, für immer einem Gebot unterworfen, das er verinnerlicht hatte. Der Biß in den Apfel vom Baum der Erkenntnis, furchtbar und viel zu früh, wie ich fand.

Noch nie hatte ich das gesehen, und nun war ich es, die ein Schuldgefühl überkam. Ich hatte es geschafft, daß das feine Gespinst seiner Unschuld verletzt wurde.

Ich hatte ihn ertappt, und zum ersten Mal fühlte er den Impuls, sich zu verstecken. Erst später begriff ich, daß dieses Zusammenzucken so schlecht nicht war. Er hatte verstanden, worum es mir ging, hatte es akzeptiert, daß es Verbote gab, und widersetzte sich nicht.

Das bewies, daß er bereits ein Bewußtsein für Verbote besaß. Er hörte auf andere und erkannte ihre Wünsche an – auch wenn er ihre Gebote übertrat. Und doch, was für eine winzige Sünde – nicht einmal das, eher Teilnahme und Neugierde für mein Leben, das für ihn so rätselhaft war, ein Leben mit dem Papier!

Später, als sein moralisches Empfinden sensibler geworden und er reif genug war, andere zu verstehen, wuchs auch das Bewußtsein, sich zu widersetzen, und manchmal zog er es vor, zu tun, als hätte er nicht gehört. Er kehrte, aus Bequemlichkeit oder aus Wut, in eine Zeit vor diesem Ereignis zurück.

Mir wurde ganz warm vor Liebe, als er, wie um Versöhnung bittend, zurückrobbte, ich hob ihn auf und nahm ihn in den Arm. Die Härte, die ich vorher empfunden hatte, war verschwunden – eine Härte, die mir zu schaffen machte. Mir selbst unbegreiflich, war ich manchmal, wenn er einen seiner Streiche verübte, außer mir und schrie los. Ich konnte nichts dagegen tun. Sosehr ich ihn auch liebte – ich sah rot. Sehr eigentümlich, wo ich doch wußte, daß er ein hilfloses Kleinkind war. Schließlich mußte er sogar Grenzen verletzen, um seinen Radius zu erweitern und seine Erfahrungen zu machen.

Ich wiederum war gezwungen, Grenzen zu setzen, das fiel mir schwer. Ich neige zur Beschwichtigung und zum Verschleifen. Nicht nur aus Bequemlichkeit, sondern auch aus Harmoniesucht. Und weil es mir so schwer fällt, übertreibe ich manchmal meine Unerbittlichkeit.

Die Folge war auch bei mir ein Schuldgefühl: Der Klaps, den ich ihm gegeben hatte, machte mir zu schaffen. Nicht der Klaps allein, sondern die teuflische Wut, die ich dabei empfand. Sie hatte ein derartiges die Sicht nehmendes Moment, daß ich vor mir selbst erschrak.

Ich mußte es lernen, mich durchzusetzen und mich gleichzeitig zu bändigen, um angemessen zu reagieren.

Doch was war angemessen?

Ich fühlte mich hilflos und verzweifelt und sprach darüber mit meinem Mann. Er empfahl mir Gelassenheit.

Ich lächelte ihn an und knallte die Tür zu.

* * *

KRANK

Ich hatte wohl die Hälfte meines Lebens gelebt, als ich mein Kind erwartete, und nahm nun an, ich würde ökonomischer mit meiner Zeit umgehen, mich besser organisieren und konzentrieren, um meine Arbeit zu schaffen.

Doch das Gegenteil war der Fall. Eine gewisse Sorglosigkeit hatte sich in mir breitgemacht. Ich dachte nicht mehr wie vorher: Ich muß dranbleiben und darf mich nicht ablenken lassen. Ich sah es jetzt anders. All meine Vorstellungen von Perfektion mit zusammengebissenen Zähnen und Zeiteinteilung schienen von heute auf morgen verschwunden zu sein.

Nicht nur, weil dies nicht einzuhalten war. Florian gab mir den entscheidenden Schubs.

Er lag verführerisch da, buddhaähnlich, mit kleinem Bauch, die Ärmchen gerundet, schleuderte sein Fläschchen weg, als er satt war, und blickte befreit und lachend in den Tag. Er verrenkte sich den Hals nach mir, die mal dort, mal da herumwuselte, räumte, putzte und dazwischen schrieb. In seinen Augen lag eine gewisse Verwunderung, als dächte er: Mensch Mamma, mach doch mal Pause!

Ächzend schob ich die Wiege beiseite und putzte weiter.

Bitte, Mammaia, so hör doch um Gottes willen auf und setz dich mal hin. Ich schau dich nur an und sehe: Du bist nervös und völlig daneben. Lerne von mir und lebe mit leichtem Herzen.

Warum nicht?, dachte ich. Er hatte ja recht. Ein Kind bringt so viel Unwägbares mit sich, daß es ohnedies unmöglich ist, zu planen oder gar vorzubeugen. Täglich gab es Neues und Überraschendes, also gib dich dem unbekümmert hin! Ein Kind ist ein großes Glück und mehr, als manchen anderen gegeben ist.

Außerdem gab es täglich genug Neues zu lernen.

Ich hatte mich kaum zu dieser Ansicht durchgerungen, da wurde er krank. Florian bekam Keuchhusten, einen elendiglichen würgenden Husten, der gegen jedes Mittel gefeit zu sein schien. Jeden Tag ging es ihm schlechter, er konnte, klein wie er war, noch nicht abhusten und stand bei jedem Anfall kurz vor dem Ersticken. Dieses zu einem kleinen Bündel zusammengekrümmte Kind, dieses verzerrte Gesicht und zwischen den Hustenanfällen nicht einmal Zeit, zu weinen!

Wie ihm helfen, wie ihn trösten?

Der Kinderarzt war ratlos, schließlich riet er uns, auf die Zugspitze zu fahren. Die Höhenluft würde ihm helfen, freier zu atmen. Doch das Gegenteil war der Fall: Kaum waren wir oben, wurde er bleich und hörte auf, zu atmen. Hätte sein Vater ihn nicht sofort beatmet und wäre nicht gerade noch die letzte Bahn dagestanden, er wäre gestorben.

Als er ins Krankenhaus kam, in die Isolierstation, was für eine neue erschreckende Mauer zwischen uns! Wir durften nicht hinein, konnten ihn nicht berühren, trösten und mit Küssen überschütten.

Als es vorbei und Florian wieder zu Hause war, begann er zu weinen, wie er noch nie geweint hatte. Drei schreckliche Wochen lang hatte er uns vermißt – nun weinte er ebensolang, immer wieder. Er merkte erst jetzt, wie sehr wir ihm gefehlt hatten.

Als er sich langsam erholte, hatten wir alles durchlebt: Qual und Pein, durchwachte Nächte und Hoffnungslosigkeit. Tage von deprimierender Leere. Wir hatten Angst, unser Kind zu verlieren.

Als es ihm besser ging, verflüchtigten sich diese Ängste sofort. Die Hauptsache war, er hatte es geschafft. Er hatte wieder Appetit, er wuchs, er beobachtete wach seine Umgebung. Ich erfaßte mit neuer Intensität, was es bedeutete, für ein Kind zu sorgen und es zu lieben.

Doch was die Sorglosigkeit betraf, so begann ich wieder von vorn.

* * *

Tod

Elend, abgeschlagen und auf Ängste zurückgeworfen, hatte ich die Wochen seiner Krankheit verbracht, und ich mußte all meine Kräfte aufbieten, um durchzuhalten und wenigstens die notwendigste Arbeit zu verrichten. Ich hatte Angst, sein Leben sei nun zu Ende, alles sei damit zu Ende. Alle meine Kräfte waren nur auf einen Gedanken gerichtet: Leben! Leben! Leben!

Da erst fühlte ich, wie sehr der Gedanke der Fortsetzung, die Vorstellung neuen Lebens in mir Fuß gefaßt hatte.

Etwas hatte mit Florian begonnen, das nicht enden sollte und das auch mich weiter und weiter führen und mit neuer Hoffnung erfüllen sollte. Und je eifriger er wieder unterwegs ins Leben war, Farbe bekam, tüchtig aß und runder wurde, desto intensiver wurde auch mein Genesungsprozeß. Jetzt spürte ich mit einem Mal, wie sehr ich am Leben hing, am Leben in all seiner Ursprünglichkeit.

Wie selbstverständlich war plötzlich all das, was das Leben ist: Ein Lichtschein erhellte die Welt, und ein ungeheures Glück wirbelte mich durch die Tage: Mein Sohn war am Leben! Was sollte jetzt der Gedanke an Krankheit und Vergeblichkeit, an eine bedrohliche Welt.

Freundinnen, die keine Kinder haben wollten, hatten große Ängste davor. Wenn sie von unserem Planeten sprachen, machten sie ein düsteres Gesicht. Sie lebten in der Erwartung der Apokalypse. Sie sprachen von Krieg, Bakterien, Drogen- und Strahlentod. Sie malten das Leben in so dunklen Farben, daß sie die Sonne nicht sahen.

Ängste, besonders heftig, solange das Kind noch nicht geboren ist. Liegt es einmal in unseren Armen, verflüchtigen sich diese Ängste sofort.

Andere wieder haben ihre Kinder bereits verloren. Unfälle, Drogentode, Krankheiten. Die Eltern blieben zurück, in einer aussichtslos scheinenden Trauer und Verlorenheit. Nutz- und sinnlos schien ihnen dieser Tod, und sinnentleerend dazu. So viele Ziele, so viele Pläne, soviel glückliche Empfindungen, Hoffnungen, alles mit einem Schlag zunichte gemacht. Diese jungen Menschen sind gestorben, ehe sie ihrem kurzen Leben einen sichtbaren Sinn verleihen konnten – zumindest glaubten die Eltern dies eine lange Zeit.

Ich dachte, sie würden an ihrem Schmerz zerbrechen. Doch der Schmerz zerbrach vielmehr den Reif, der ihr Verständnis einengte, und das, was diese Kinder waren, überdauerte im Gedächtnis der Eltern. Wenn es auch das Schwerste im Leben ist, unsere Kinder zu überleben – noch viel schwerer wäre es gewesen, ihrem Kind nie begegnet zu sein.

Geburt und Tod, beides hinter einer Grenzlinie, die wir nicht ohne Schwindel empfinden. Das Schwindelgefühl der unausgeschöpften und der abgelaufenen Zeit auf Erden. Als führen wir auf den Horizont zu, der immerfort zurückweicht. »Denn Leben und Tod sind eins, so wie der Fluß und das Meer eins sind«, sagt Khalil Gibran.

Er ging, weinte, lachte, aß, aber er wartete auch. Saß manchmal wie verloren da, mit leerem Blick. Etwas Neues wollte in sein Leben hinein, und er wußte nicht, was. Nicht nur sein Jäckchen war ihm zu klein geworden, auch irgendeine innere Hülle, die einen Kern umschloß.

Eine seltsame Verwandlung. Bislang hatte er immer fraglos, brabbelnd und geschäftig, sein Leben gelebt. Er nahm es, wie es war, und stimmte mit ihm überein. Er bediente sich an seiner Fülle und griff zu, wo er konnte.

Alles war noch unversehrt, verwandelbar für ihn. Was er darin sehen wollte, konnte er sehen.

Eines Tages, wir lungerten auf der Couch herum, da legte ich meinen Kopf auf seine kleine Schulter, was so einfach nicht war. Mit einem Mal spürte ich eine seltsame Nähe. Eine menschliche Nähe, die etwas Warmes, Tröstliches und Freundschaftliches hatte.

Ich blieb, wo ich war, und genoß das neue Gefühl. Wir waren beisammen, sonst nichts.

Mein Herz öffnete sich weit. Etwas war neu zwischen uns. Neues Leben, das Kind als Gegenbild zum Tod, die Geburt als kraftvolle Alternative zum Selbstmord. Ich bekam eine Ahnung davon, was das Leben in seiner Fülle ist.

* * *

Eltern

Nach diesen elenden Wochen der Angst hielt ich meinen kleinen Sohn wieder in den Armen und drückte ihn fest an mich. Ich roch an ihm und spielte mit seinen Händen.

Oh Kindchen, sagte ich mit einem Mal, ohne dich kann ich nicht mehr leben.

Er blickte mich mit weitaufgerissenen Augen an, als hätte er verstanden.

Kaum hatte ich das gesagt, erschrak ich selbst vor meinen Gedanken. Wenn das die Erfahrung aus seiner Krankheit war, dann war meine Abhängigkeit von ihm furchtbar. Denn mein Sohn gehörte mir nicht und würde mir niemals gehören. Er würde selbst sein Leben leben, das ihm bestimmt war, und es bis zu seinem Ende führen. Würde eines Tages weggehen und eine eigene Familie gründen.

Wenn ich so dachte, würde ich eines Tages mit leeren Händen dastehen, leerer Seele.

Warum denn liebte ich ihn so? Weil er ganz er selbst war, noch nicht von der Erziehung und der Anpassung verdorben.

Ich konnte Anteil nehmen, ihn in den Armen halten und liebkosen, ihm ein Haus geben, durfte Betreuerin sein, Nährende, Krankenschwester und Lehrerin. Aber ich durfte nie versuchen, ihn mir ähnlich zu machen und ihn zu halten.

Sein Leben lag im Morgen. Ich würde für ihn eines Tages zur Vergangenheit. Würde einmal nichts anderes sein als ein sich verflüchtigender Teil seines Lebens. Würde für ihn verschwinden hinter einem Buch, einem Fahrrad, einem Auto, einer Frau, einem eigenen Kind.

Tragödien fielen mir ein, von Müttern und Vätern, die sich an ihre Kinder verlieren. Die nicht das Andere lieben, zur Genüge vorhanden, sondern nur das Eigene, verführerisch in seiner scheinbaren Harmlosigkeit, das später zur Falle wird.

Warum dachte ich viel über König Lear nach, warum hat mich dieses Stück Shakespeares seit jeher so gefesselt?

Er hatte seinen Töchtern das Leben und seine Liebe gegeben – nun forderte er von ihnen, daß sie es ihm zurückgaben. Ihn sollten sie mehr als alles andere, mehr als Mann und Kind, lieben. Ein höchst modernes Drama, in dem der Vater zum Altersgenossen seiner Kinder werden soll: »Du hast deine Töchter zu deinen Müttern gemacht, du gabst ihnen die Rute in die Hand und zogst dir selbst deine Hosen runter«, sagt der Hofnarr.

Der Vater, der alles will, wird zum verrückten Kind. Nur Cordelia, die Tochter, die ihn als Vater liebt, bringt ihn zur Einsicht und hält ihn zurück, die Grenzen zu überschreiten.

Es gehört sicher zu den dunkelsten Seiten der Elternschaft, daß wir weit davon entfernt sind, reif zu werden.

Das ist unser lebenslanger Kampf, dem unser Wesen – unsere Sehnsüchte, unser Egoismus, unsere Konkurrenzgefühle, unsere Sexualität, unser Besitzdenken, unser Streben nach Macht und unser zunehmender Autismus, unsere Selbstbezogenheit, die Vergötzung unseres Ichs – im Wege steht. Obwohl wir vieles voraussehen können und um die Folgen unserer Handlungen wissen, fällt es uns immer schwerer, uns in den Nächsten einzufühlen.

Empathie gilt fast schon als Sentimentalität. Dabei ist sie bereits im Kleinkind zu verspüren: Als ich weinte, kam der Kleine herangerobbt, wollte in den Arm genommen werden, legte seine unschuldige Wange an mein Gesicht und streichelte mich. Dabei waren ihm unsere Verhaltensnormen noch unbekannt.

Die Zukunft geht neben uns her in unserem Kind. Auch unser Schutzengel, wenn wir aufmerksam sind. Unser anderes, unverdorbenes Ich, die Wurzel unserer Menschlichkeit, unserer Kultur.

Aber auch unsere Gefährdung. Kindliches Denken, ins Erwachsenenalter hinübergerettet, und kindliches Fühlen sind nicht nur verhängnisvoll für ein Leben in der Gemeinschaft, sie hindern uns auch, unser Kind zu einem Gleichberechtigten zu machen, die Entwicklung vom Kindsein zum Erwachsenen zu durchlaufen.

Elternschaft ist etwas, das immer wieder überprüft und neu bestimmt werden muß – ein ständiger Prozeß, der uns zu einer reiferen Person machen kann. So verstanden, wäre sie für unsere Gesellschaft der Aufruf zu einem »neuen Leben«, einer sozialen Liebe, Kennzeichen einer reifen Kultur, erfüllt von Barmherzigkeit und Mitgefühl, – einer Kultur, in der wir lernen, zu teilen. Elternschaft als Übung für den Umgang mit den anderen.

Es sind die schönsten Momente für Eltern, wenn sie die Freude an ihrem Kind miteinander teilen, weil die Freude zu groß für einen einzelnen ist. Ein Lächeln, ein Blick, dem Anderen geschickt: Schau doch! Sieh mal an!

In der Toskana, auf dem Land, hatte ich oft die Möglichkeit, zu beobachten und zu lernen, wie Liebe zu den Kindern sich zur Liebe zu den Menschen weiterentwickeln kann. In der aufmerksamen und praktischen Art, wie man dort Menschen behandelt, liegt etwas ganz Reales: Das hier ist ein anderer Mensch, der auch ein Kind ist und meine Zuwendung braucht.

Es scheint ganz einfach: Da sich Italiener in erster Linie als Eltern verstehen, beginnen sie, dieses Gefühl auch anderen Menschen zuzuwenden. Nicht immer nur jenen Menschen, die sie gern haben, sondern auch jenen, die ihnen weniger liegen. Und plötzlich fällt es auch uns in dieser Umgebung nicht mehr schwer. Es ist, als erleichtere es auch uns der gelockerte Boden, Wurzeln zu schlagen.

Ich probierte es gern, mich in ein fremdes Leben hineinzuversetzen, indem ich mir in seinem Gesicht den alten Menschen vorzustellen versuchte. Seit meinem Sohn denke ich nicht mehr voraus, sondern zurück: Ich sehe das kindliche Gesicht, das in jedem Menschen vorhanden ist. Und sofort ist er mir weniger fremd – vielleicht, weil sich in mir ein mütterliches Gefühl regt. Im Grunde weiß ich es ja, daß wir alle das gleiche brauchen wie Kinder, Wärme, und Zärtlichkeit, Teilnahme und Schutz, aber ich denke zu selten daran. Vielleicht ist mein Herz zu klein, um diese Gefühle auf alle Menschen zu übertragen; die Beziehung ist oft sehr widersprüchlich und unklar, wie die zu mir selbst. Gerade bei mir selbst mangelt es mir oft an Geduld.

Doch bis zum Ende will ich versuchen, zu lernen.

* * *

Exerzitien

Ich trug mein Kind noch in mir, als ich Sant' Antimo das erste Mal sah. In Castelnuovo dell'Abate, dem auf einem Hügel gelegenen kleinen Dorf über dem Kloster, stieg ich aus und nahm den von Zypressen gesäumten Weg hinab. Eine zarte Trauer ging von dem Tal aus, das Kloster hatten die Nebel verschluckt.

An der letzten Wegbiegung setzte ich mich ins Gras und blickte ins Tal. Es war still, selbst das Zwitschern der Vögel hatte der Nebel erstickt. Vom Laufen atemlos, fühlte ich das Kind, das in meinem Schoß strampelte.

Die Sonne kam unerwartet.

Erst wärmte sie den Campanile, dann die dunkle, hohe Zypresse, die wie ein zweiter Turm daneben wuchs. Sie erleuchtete das blaß terracottafarbene Ziegeldach über dem Gotteshaus und glitt flüchtig über den goldenen Travertin der dreischiffigen Emporenbasilika. Schließlich überströmte sie die Feinheiten der schlanken Kirche mit kraftvollem Licht.

Wie auf Verabredung begannen die Vögel zu singen.

Ich dachte: Dies ist der Ort, der die Beschaffenheit meiner Gedanken verändern kann. Wenn alles gutgeht mit der Geburt, werde ich wiederkommen, bald. Und ein Jahr später, an einem Frühlingstag im Dezember, meinen kleinen Sohn in einer Trage auf dem Rücken, machte ich mich auf, um mein Versprechen einzulösen. Ein Jahr, erfüllt von Tätigkeit, lag hinter uns. Nicht bloß ich hatte meinen Sohn, sondern auch er hatte mich vorwärtsgeführt auf dem geheimnisvollen Weg, der uns allen bevorsteht. Beide hatten wir an uns gearbeitet, um mit der neuen Situation fertig zu werden. Wir hatten einander angesehen und versucht, die Grenzen der eigenen Existenz zu überschreiten. Wir hatten zusammen gegessen und auf tastende Weise miteinander gesprochen. Wir hatten einander berührt und die gegenseitige Unkenntnis voneinander annehmen gelernt.

Jetzt war ich von dem vielen Neuen erschöpft, ganz im Gegensatz zu meinem Sohn, der geradezu nach Teilnahme an den Möglichkeiten und Fertigkeiten der Welt der Erwachsenen dürstete. Ein Jahr des Umbruchs, einer neuen Nachdenklichkeit. Mein Verständnis vom Leben begann sich zu verändern, das erfüllte mich mit Dankbarkeit. Aber ich brauchte Ruhe. Suchte nach einem neuen Weg. Ein kleines Kind verfügt über einen derartigen Zauber und eine derartige Kraft, daß es die Seele eines gewöhnlichen Menschen sprengt. Ich wollte Muße haben, in die Tiefe dieser Erfahrung einzutreten. Kurz entschlossen hatte ich mich für Exerzitien zwischen Weihnachten und Neujahr angemeldet.

Das Kloster durfte ich nicht betreten, deshalb wohnten wir auf einem nahen großen und schönen Bauernhof. Rita, die junge Frau, die selbst zwei Kinder hatte, wandte sich meinem Sohn mit solch vergnügter Offenheit zu, daß ich nicht anders konnte, als sie in mein Herz zu schließen. Beruhigt machte ich mich, meinen Sohn bei mir, auf, den Schotterweg entlang.

Wieder ließ mich ein Glücksgefühl innehalten, als das Licht golden auf den Travertin des Klosters floß. An der Kirche angekommen, umkreisten wir den fast tausendjährigen Olivenbaum vor dem Portal, breit wie fünf Schiffsmaste und reich verzweigt. Florian streckte ächzend seine kleine Hand Richtung Baum aus und wies mit staunenden Lauten auf die Höhle im uralten Stamm. Auch ich konnte mich nicht von dem Baum lösen. Versunken blickte ich ihn an.

Schließlich liefen wir um den Außenbau der vor 1118 begonnenen Kirche, an der man 150 Jahre später die Arbeiten einstellte, so daß sie unvollendet blieb. Ich nahm Florian aus der Trage und in die Arme. Wieder und wieder mußte ich ihn hochheben, um ihm die zweileibige Löwin am Kapitell zu zeigen, die Chimäre am Glockenturm.

Er strich mit seinen kleinen Händen über die steinernen Wandflächen, deren Geschlossenheit ich bewunderte, plastisch belebt durch Gesimse und Wülste. Vor Aufregung rang er seine kleinen Hände.

Über dem magischen Ort lag ein eigentümlicher Glanz, das machte das Kind ernst. Ihm gefiel das Leben, das in diesem Bau eingefangen war. Sonne, Mond, Mensch, Tier und Sterne, würde mir später einer der Mönche sagen, alles mit eingebaut.

Plötzlich hob er den Kopf und lauschte. Der Stein schien zu schwingen und zu singen. Aus den Gewölben erklangen die Gregorianischen Gesänge der Mönche. Wir blickten uns an. Die zarte melodische Kinderstimme verriet herrisch, was er wollte: Hinein. Zuhören. Nichts und niemand würde ihn jetzt davon abbringen können. Er liebte Musik.

Wir standen in der Kirche und schauten. Hell, alabaster- und sandsteinfarben, weiß, von edler Sparsamkeit das Innere, voll Kraft und aufwärtsstrebender Leichtigkeit. Karg, von hoher Einfachheit und Anmut. Der chromatische Gesang in der Stille, der nach oben zu schweben schien. Die sechs hochgewachsenen schlanken Mönche mit ihren gutgeschnittenen Gesichtern und schmalen Köpfen, in ihren naturfarbenen bodenlangen Leinenkutten, die Kapuze über einem kleinen angeschnittenen Cape im Nacken. Sie wirkten leichtfüßig und elegant, königlich, konturiert wie Statuen. Bewahrer der Weisheit, Hüter des Heiligen, Wächter des gesitteten Zusammenlebens. So würdevoll, feierlich und einschüchternd war das Bild, daß ich mich reckte und trotz der Last des Kindes aufrecht stand.

Auch Florian schien das Geistige dieses Raumes zu spüren, er war ganz still und öffnete weit die Augen.

Diffuses, reflektiertes Licht. Der Chorumgang mit dem Kapellenkranz. Der sparsame plastische Schmuck. Die von der großen Bifore kommenden Sonnenstrahlen, die den Blick auf den Hauptaltar im Achsenkreuz lenken. Umgeben von sechs Säulen der Altar mitten im Chor, in Form eines Sarkophags. Drei Stufen aus weißem Stein, die nach oben führen. Das majestätische Holzkreuz im Toskanischen Stil. Große Kandelaber mit Wachskerzen, die die Stufen beleuchten.

O, sagte mein Sohn, ah. Wie er so hingegeben schaute, lächelnd, mit großen Augen, voll Aufmerksamkeit, war sein Bedürfnis nach etwas Metaphysischem so offensichtlich, daß ich zusammenzuckte.

Die Haare auf seinem Kopf leuchteten wie Vogelflaum und bewegten sich.

Ave Maria gratia plena: Der Gesang des Rosenkranzes. Das Schema eines primitiven Gebets als Wechselgesang und Litanei. Schöne einfache Worte aus der Kinderzeit: Himmel, Sterne, Engel, Heiliger Geist. Der Gesang versetzte den ganzen Raum in Schwingung.

Als der Gottesdienst beendet war, gingen wir in die Karolingische Kapelle nebenan, in der die Exerzitien stattfinden sollten. Florian schien den stummen Dialog mit uns allen aufmerksam zu absolvieren. Lange betrachtete er die Frau mit dem Spitzentuch und fixierte die Stiefel des bärtigen Mannes. Er blieb die folgende Stunde ruhig. Als habe er einen Ort betreten, an dem Bedürfnisse und Wünsche zerfielen.

Fra Dominic, der die Exerzitien leitete, hatte ihm aus Decken am Boden ein warmes Nest bereitet. Blumen und Grün umgaben unsere Plätze, auch Florians Lager war geschmückt.

Hier lag er nun, lallte ganz leise und seine Augen weiteten sich. Er blickte die geistig Übenden aufmerksam an, mit jenem verzehrenden Blick, wie ihn nur Kinder haben, und bewegte seine Fingerchen. So überstand er die Meditationen mit kreativem Staunen, stumm und aufmerksam. Als habe er die Bedeutung dieses Schauspiels begriffen.

* * *

Geschenk

Es war sein erster Geburtstag. Ein Jahr, in dem er sich auf den Weg gemacht hatte, das Leben zu lernen, energisch und zielstrebig, doch auch voll Anstrengungen, Unterbrechungen und Störungen lag hinter ihm. Er war herausgetreten aus der Ruhe in die Bewegung, aus dem Nichtsein ins Sein. Er hatte die Schwelle überwunden. Sein Leben nahm seinen Lauf.

Das Jahr – eine Anhäufung von Taten, außergewöhnlichen und merkwürdigen Handlungen und Ereignissen, an die er sich später kaum mehr erinnern würde. Kaum aufregende Dinge für die meisten Menschen, die sich nur das Ausgefallene merken. Denn vieles, was wir erleben, ist längst geglättet und von anderen Erfahrungen überlagert. Das eigentlich Prägende, das für unser Leben von zentraler Bedeutung war, schlägt sich bestenfalls in den üblichen Kinderanekdoten nieder.

Plötzlich sah ich das erste Jahr wie aus der Ferne an, mit nicht mehr so vereinnahmtem Blick, und saß über meinen Notizen. Kindheit, das ist kein Traum voller Seligkeit, sondern ein empfindliches Erwachen, von Schreien und Tränen durchsetzt. Ein intensiver Vorgang, seelisch wie körperlich, mit manchmal großartigen, an Wunder grenzenden und anrührenden Ereignissen.

Die Kindheit ist in uns selbst, bereit, uns jederzeit wieder zu erfassen, ein Horizont, von dem man nicht weiß, wo er beginnt, und den wir dann, wenn wir alt sind, erneut berühren. Ein unausweichlicher Übergang zum Leben – und zum Tod.

Sein erster Geburtstag im Mai. Er brabbelte und versuchte sich an Worten, viele davon gerieten bereits in betastbare Nähe, andere blieben in Distanz und schwebten unbestimmt durch den Raum. Sein erster Geburtstag existierte noch getrennt von ihm, in unklaren Nebeln verloren, magisch gebannt. Doch die Hervorhebung, die dieses Ereignis durch uns erfuhr, schürte seine Erwartung. Geburtstag, das mußte, aus unserer Mimik und unserer Betonung zu schließen, etwas Schönes und Außergewöhnliches sein.

Außerdem gab es da, soviel hatte er verstanden, so etwas Prachtvolles wie ein Geschenk. Auch dies ein abstraktes Wort, doch mit verschiedenen Dingen verbunden: einem Häschen, das die Großmutter mitgebracht hatte, einem Bilderbuch, Schokolade oder Kuchen.

Man brauchte das Wort nur zu erwähnen, um zu sehen, was für eine ungetrübte Freude auf der Welt möglich ist. Schon kam diese Vorfreude in seinen Zügen zum Leuchten, er patschte die Hände zusammen und brabbelte etwas wie: »Senk!« Er mochte es sehr, wenn Besuch kam und etwas mitbrachte. Die Tatsache, daß er von mir seltener als von anderen etwas geschenkt bekam, wurde mir dann heimgezahlt. Er zog sich mit dem Besuch zurück und beachtete mich nicht. In meiner Eigenschaft als mütterliche

Mitte war ich nichts anderes als ein Zwischenglied. Von mir war nichts Überraschendes zu erwarten.

Jetzt aber harrte seiner irgendein Geheimnis, das offenbar von uns kommen mußte. Das bot ein äußerst süßes Vorgefühl. Auch daß er sein Zimmer nicht betreten durfte, war aufregend und bannte ihn vor die Tür. Außerdem war da dieses Rascheln, diese nur einen Spalt geöffnete Tür. Wir lächelten, waren voll Freude und scherzten. Mit einem Mal besaßen wir für ihn eine ungewöhnliche, schiwahafte Vielarmigkeit. Der Alltag endete und ein Festtag begann.

Er begriff sehr wohl, daß das mit ihm zu tun hatte. Wir lächelten ihn an, waren voll Freude, ich kochte das Allerfeinste. Wir raschelten mit Papier und zündeten Lichter an. Der Knirps wurde mehr denn je Mittelpunkt und genoß es sichtlich.

Er machte große Augen, als er seinen Geburtstagstisch sah und stöhnte vor Vergnügen. Die Farbspritzer bunten Papiers! Eine Torte mit einer blauen Kerze! Kleine Päckchen in allen Farben! Bald fand er heraus, was mit den Dingern zu machen war. Wenn man das Papier aufriß, so befanden sich darunter herrliche Kleinigkeiten, eine Schaufel, ein Eimerchen, eine Fetzenpuppe, Marionetten! Und ein kleiner Plastikbagger, eine Landschaft in einer Kugel, die, wenn man sie schüttelte, mit Schnee überhaucht wurde. Das ist das Herrliche an diesen kleinen Geschenken, daß damit das Transparente, Unbeschwerte und Überflüssige in unser Leben kommt.

Dann saßen wir am Tisch und aßen. Florian spielte zu unseren Füßen mit seinen neuen Sachen.

Als ich später wieder zu Boden sah, saß er auf seinem Topf. Und plötzlich, nach einer Weile stiller Verrichtung, erhob er sich ächzend, nahm den Topf und ruderte damit zum Tisch. Er klammerte sich an mein Bein und zog sich hoch, stellte ächzend den Topf mitsamt seinem dampfenden Inhalt auf die geschmückte Tafel und rief mit strahlendem Gesicht: »Senk! Senk!«

So etwas wie ein Resümee seiner jungen Existenz: Da bin ich, mitsamt meinen Gaben, greift zu, damit ihr auch etwas davon habt! Diese, zugegeben, eigenwillige Aufmerksamkeit, die er dem Kleinen und Nichtigen schenkte, und der Wunsch, diese Dinge mit uns zu teilen, das machte ihn zu einem kleinen König.

* * *

Abschied

Und nun war ein Jahr vorüber. Ein Jahr der unerhörten und wunderbaren Anfänge. Anfänge, die in fließender Verbindung miteinander stehen und die den Menschen ausmachen.

Ein Jahr der Abenteuer. Erst war mein Herzschlag in seinem Herzen, meine Wärme und meine Stimme erfüllten seinen Bauch. Und dann das Leben, noch blind und eine zarte Wurzel, die scharfe Konfrontation mit einer kalten Welt.

Lauter noch nie Dagewesenes: die erste Milch, das erste Lächeln, der erste Schrecken, das erste Wort.

Ein Jahr, in dem nicht nur er, sondern auch ich eine Verwandlung durchgemacht hatte. Und jeder für den anderen. Für ihn war ich vom überhöhten Wesen, das irgendwo hoch oben im Himmel schwebte, herabgestiegen zu einem normaleren Wesen, das immer noch riesig und mächtig, aber auch irdisch und alltäglich war. Jetzt, da er stehen konnte, vermochte er uns von allen Seiten zu betrachten. Und wenn wir ihn in den Armen trugen, konnte er uns als ein Gegenüber sehen, von Angesicht zu Angesicht. Eine zurechtrückende Perspektive. Das Ungeheuerliche am erwachsenen Menschen trat allmählich in den Schatten zurück und wurde menschlich.

Vorher war ich für ihn so etwas wie ein Unfehlbarkeitswunder. Doch je älter er wurde, desto mehr verließen mich meine – mich manchmal selbst irritierende – Nachsicht und Milde. Ich wurde normaler. Vielleicht sah er meine Unzulänglichkeit genauer und kannte bereits meine Fehler.

Das tat uns beiden gut.

Elternschaft ist von Anfang an mit Abschied verbunden. Die Grenzlinie, die ich für mich gezogen hatte, waren seine ersten Schritte und Worte. Und das Empfinden einer Schuld, das ihn plötzlich überkam. Damit fing eine neue Lebensperiode an.

Mit jedem seiner Schritte ging die Zukunft neben uns her. Ich brauchte mir nicht mehr vorzustellen, was er sagen könnte. Er war imstande, seine Wünsche einigermaßen deutlich zu machen – zumindest konnte ich sie entschlüsseln. Unser Kontakt war direkter geworden und eröffnete aufregende Augenblicke. Ich führte ihn in ein Leben ein, er führte mich in ein anderes. Alles, was geschah, geschah zum ersten Mal und wies nach vorn.

Atemberaubender Anbeginn. Er hat seine Finger, seinen Fuß entdeckt. Hat zum ersten Mal gelächelt. Zum ersten Mal Spaghetti gegessen. Zum ersten Mal aus der Tasse getrunken. Den ersten Schritt gemacht und das erste Wort gesagt.

Ich liebkoste ihn immer noch dreißigmal am Tag, ich gab ihm ab und zu unbefangener einen Klaps, und wenn ich erschöpft und gereizt war, schrie ich schon mal. Aber ich wußte zugleich: Eine Zeit neuer Verantwortung brach an.

Soviel andere Dinge wollten noch in sein Leben. Schule, Studium, Beruf, Heirat, eigene Kinder – welche Richtung wird er einschlagen? Sein neues, selbständiges Leben würde in nicht allzuferner Zeit beginnen. Eines Tages würde er zum ersten Mal lesen, zum ersten Mal küssen, zum ersten Mal eine Frau umarmen. Das tun, was alle Kinder eines Tages tun und was das Ziel der Erziehung war: das Haus, mich verlassen.

Immer mehr würde diese Zeit zu einer Zeit werden, die nicht wiederkehrt.

Ich würde einmal zurückbleiben, ab und zu ein altes Spielzeug in die Hand nehmen oder ein Legoteilchen in der toskanischen Erde finden. Würde seine kleinen Jakken, die winzigen Hosen und Schühchen beiseite räumen, die Kinderbücher in den Keller tragen und bewahren.

»Hebe sie auf für meine eigenen Kinder!« wird er später sagen, dann, wenn er auszieht, um seine erste eigene Wohnung zu nehmen. Ein dunkler Tag, der sich erst im nachhinein erleuchtete, als ich mir seine Worte erneut ins Gedächtnis rief: »Du hast mich zur Selbständigkeit erzogen – nun bin ich soweit.«

Ich würde etwas lernen müssen, was schwer zu machen war: ihn loslassen, ein für alle Mal – geübt hatte ich ja bereits.

Auch ich tat in diesem Jahr vieles zum ersten Mal.

Ich hatte nicht nur zum ersten Mal ein Kind gestillt, gewickelt, begleitet. Ich hatte arbeiten gelernt mit dem Kind im Arm, dem Kind zu meinen Füßen, hatte gelernt, immer wieder zu unterbrechen und neu anzusetzen. Hatte, während ich schrieb, Gedanken vertrieben, die mir in den Sinn kamen: Einkaufen, Windeln, Abendessen, Waszum-Trinken, Spazierengehen, Bibliothek, Ich-kann-den-Schnuller-nicht-finden.

Auch später hat es immer wieder neue Anläufe gebraucht. Ich räumte die Wohnung um, als wir uns trennten. Mußte die Wut und Enttäuschung meines Sohnes ertragen, Ferien voller Muffigkeit und Verweigerung. Und Weihnachten war in den nächsten Jahren ein recht bewegliches Fest, wandelbar wie ein menschliches Herz. Jedesmal eine neue Erfahrung. Mal feierte ich allein mit meinem Sohn und meiner Familie, dann wieder zusammen mit dem Mann, dann mit der Freundin des Sohnes, die sich dazugesellte, schließlich mit Mann und Freundin, Freund, Sohn und Freundin Anja. Das ursprüngliche, heitere Weihnachten blieb lange verschwunden, ehe es auf neue Weise wieder auferstand: zuletzt Weihnachten mit meiner kleinen Enkeltochter Tabea, gerade geboren.

Neues Leben. Alles fängt wieder von vorne an. Nun ist es mein Sohn, in dessen Herzen die kleine Tochter den ersten Platz einnimmt, die seine Fürsorge braucht, seine Aufmerksamkeit und seine Freude.

Anfänge, immer wieder, und schön, daß das Leben weitergeht.

Ich mag Anfänge, mag auch, wenn es weitergeht. Mag ich's auch, wenn es endet, ein für alle Mal? Ich hab viel übers Aufdieweltkommen nachgedacht. Nun wird es Zeit, übers Weggehen nachzudenken.

* * *

Die Hälfte des Buches schrieb ich am Krankenbett meiner Mutter, deren Körper und Geist müde geworden waren, und als Tabea, meine Enkeltochter, geboren wurde, geriet sie in Verwirrung und verwechselte sie immerfort mit meinem Sohn.

Sie starb im September, und als wir auf dem Nordfriedhof den Weg zu ihrem Grab abschritten, ging ich zwischen Sarg und Kinderwagen.

Ein Leben ist gestorben, und ein neues Leben beginnt.

www.beltz.de

Umschlaggestaltung: Federico Luci, Odenthal
Umschlagillustration: Pablo Picasso (1905)

Satz: WMTP, Birkenau
Druck und Bindung: Druckhaus Beltz, Hemsbach
Printed in Germany

ISBN 3 407 85797 7